SPRACHSTEINE

Sprachbuch 4

Erarbeitet von
Cordula Atzhorn, Bamberg
Birgitta Baumann-Strobel, Wasserburg
Sabine Graser, Krummennaab
Franziska Mroß, Peißenberg

Unter der Beratung von
Dr. Almut Drummer, Markt Bibart

Diesterweg

Inhalt

So geht es leichter

Sprechen und Zuhören

Richtig schreiben

Schreiben

Guter Start in Klasse 4

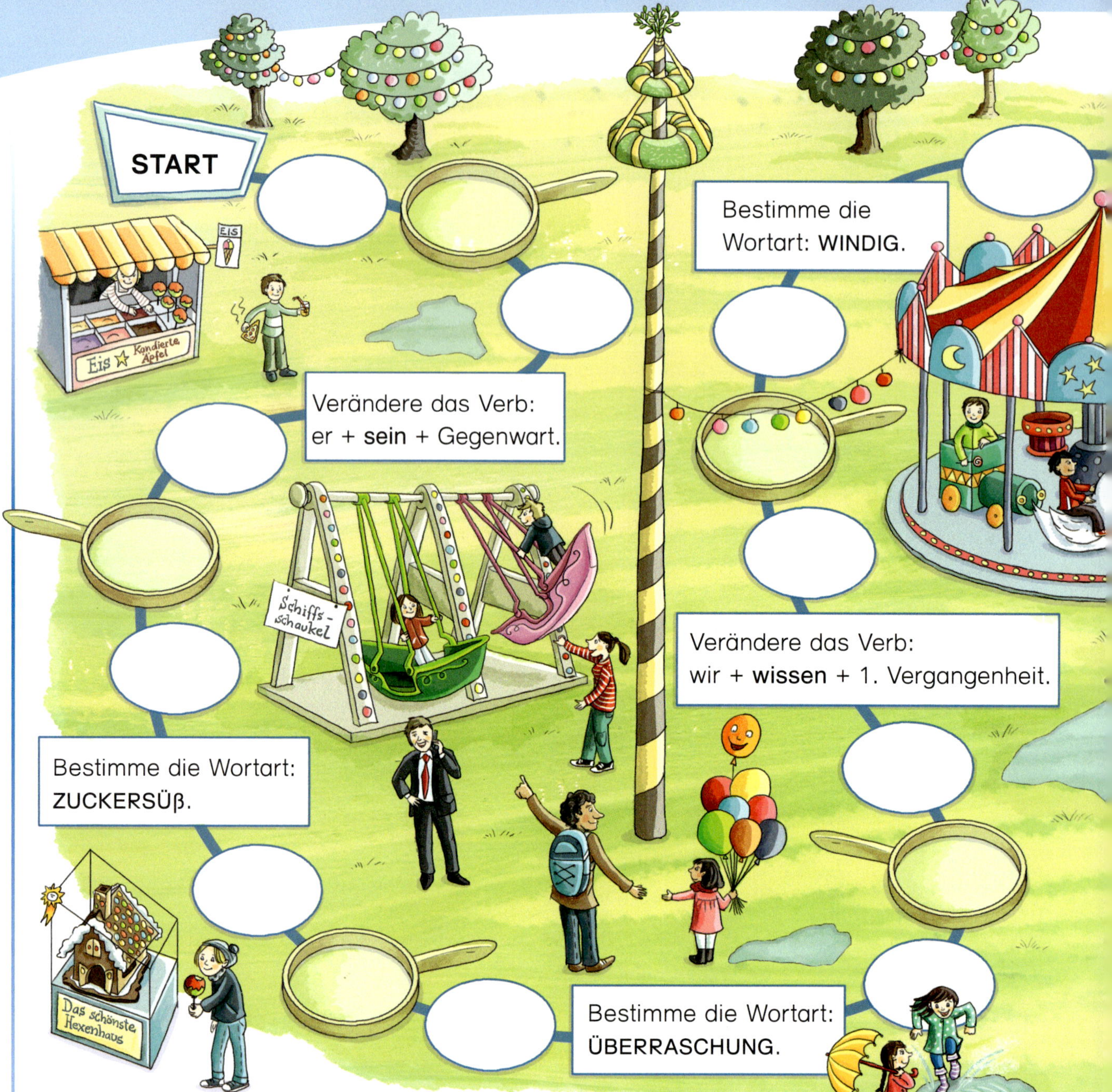

Spielregeln (für 2–4 Spieler)

Der erste Spieler würfelt und rückt mit seiner Spielfigur vor.

Bleibe stehen. Es passiert nichts.

Wähle ein Bild aus dem Spielplan aus.
Schreibe das Wort auf.
Erkläre die Schreibung.

… Löse und begründe.

→ richtig: Gehe ein Feld vor.

→ falsch: Bleibe stehen.

Gewonnen hat, wer zuerst ins Ziel kommt.

Aha Seite 111, 115

– SCH verbinden ein- und zweisilbige Wortformen, um die Schreibung von Verhärtung, Umlautung, Konsonantenverdopplung und ie-Schreibung abzuleiten

Schreibung erklären und Wortarten bestimmen

– SCH verwenden Verben in den verschiedenen Zeitformen in angemessener Weise
– SCH bestimmen die Merkmale von Nomen, Verben und Adjektiven

Satzglieder bestimmen

1. Schau dir die Bilder an. Erzähle.

2. Was macht Simon? Schreibe auf.
   Am Vormittag experimentiert Simon in der Lernwerkstatt.

3. Vergleiche deine Sätze mit einem Partner. Ergänze.

4. Unterstreiche das Prädikat und das Subjekt in jeweils unterschiedlichen Farben.

5. Unterstreiche die Orts- und Zeitangabe in jeweils unterschiedlichen Farben.

6. Unterstreiche alle weiteren Satzglieder in jeweils unterschiedlichen Farben.

7. Du kannst die Satzglieder auch umstellen. Schreibe die Sätze auf. Was fällt dir auf?

AH Seite 4

– SCH beschreiben die Abhängigkeit der Satzglieder vom Prädikat und bestimmen das Subjekt sowie Orts- und Zeitangaben

Wörter richtig schreiben

Jetzt sind wir die Großen hier

Während meine schwester diese Woche ihren ersten Schultag hat,
fengt für mich das letzte Jahr an der Grundschule an.
Trotzdem ist alles irgendwie neu und aufregent.
Wir bekommen dieses Jar wieder eine neue Lehrerin.
und noch etwas hat sich geändert.
Plötzlich sagn uns die Lehrer immer schon vorher,
wann wir eine probe schreiben.
Das finde ich eigntlich ganz gut.
dann weiß ich immer genau, wann ich lernen muss und wann nicht.
Wenn ich lenger darüber nachdenke, werde ich aber auch nervös.
Nach dem Jahr kome ich nämlich auf eine neue Schule.
Bis jetzt weiß noch niemand, welche Schule das sein wirt.
Meine Famielie sagt, ich solle mir keine Sorgen machen.
Ich zeige einfach, was ich kann und damit bin ich zufriden.

Malte

(1) In jeder Zeile ist ein Fehler.
Finde die falsch geschriebenen Wörter.

Aha Seite 117

(2) Was hilft dir dabei, diese Wörter richtig zu schreiben?
Lege eine Tabelle an.

Artikel vor das Wort setzen	verwandtes Wort suchen	...
die Schwester	...	

(3) Vergleiche deine Begründungen mit einem Partner.

(4) Ergänze weitere Beispiele in jeder Spalte.

AH Seite 5

(5) Welcher Rechtschreib-Tipp hilft dir bei deinen eigenen Texten besonders, Wörter richtig zu schreiben? Schreibe auf.

– SCH schreiben gängige Schreibungen routiniert richtig

Kinder der Welt

Sprechen und Zuhören

Aha Seite 108

1. Schau dir die Karte an. Erzähle.
2. Vergleiche mit deinem Zuhause. Berichte.

Wie weit ist das Land von Deutschland weg?

...

Wie sieht die Schule aus?

Was spielen die Kinder?

3. Wähle ein Land auf einem Kontinent aus. Suche Informationen in Büchern oder im Internet. Informiere deinen Partner.

Aha Seite 111

4. Überlegt, wie ihr die Informationen ordnet und präsentiert.

– SCH wenden in Zuhör- und Gesprächssituation ihre Aufmerksamkeit auf das Gesagte
– SCH gestalten kommunikative Standardsituationen

Über eine Grafik sprechen

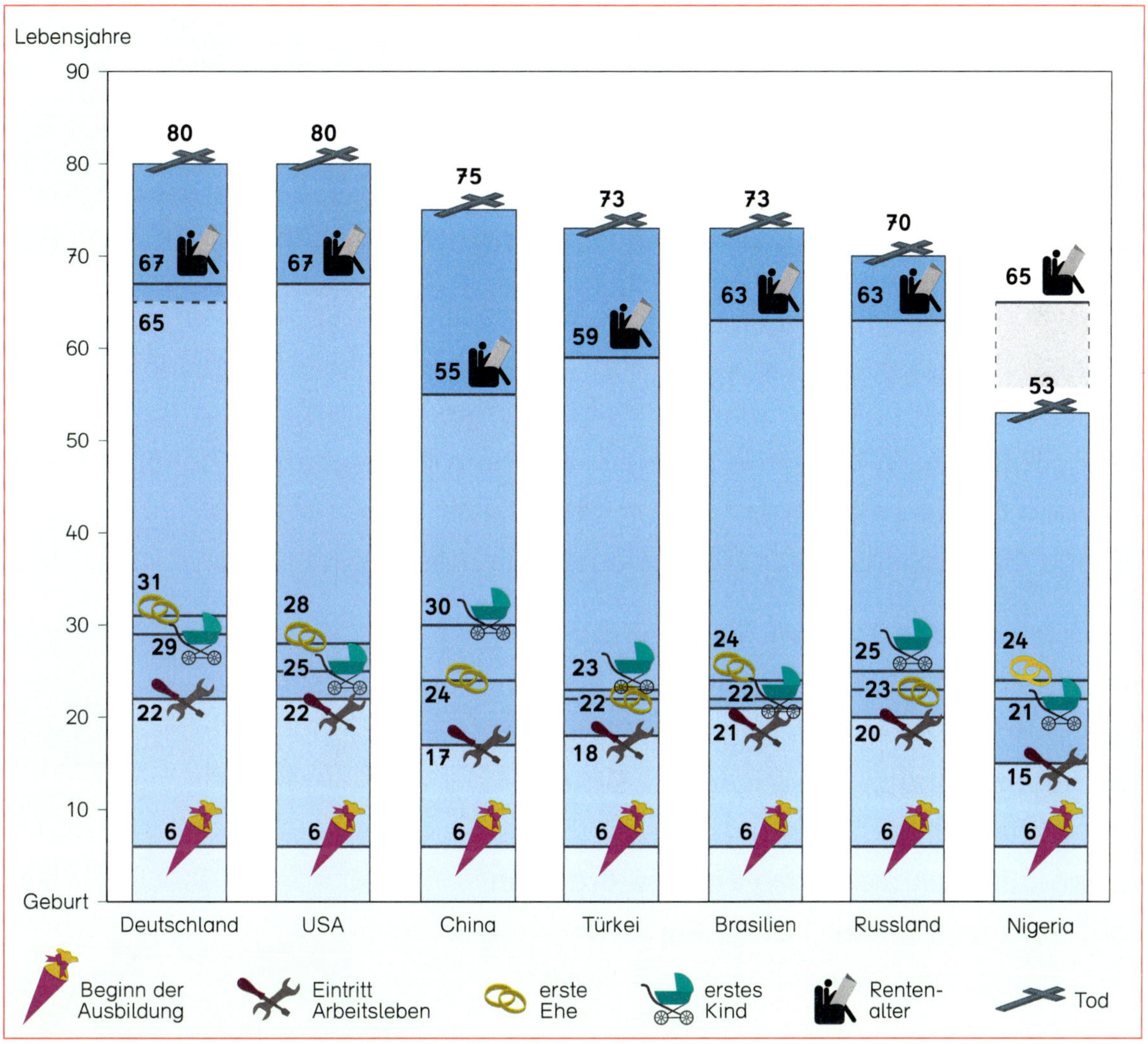

1. Lies die Grafik. Sprich mit einem Partner darüber. Was überrascht dich?

Aha Seite 108

2. Du erfährst einiges über das Leben in verschiedenen Ländern. Schreibe drei Informationen auf. Tausche dich mit einem Partner aus.

3. In welchem Land ist die Lebenserwartung am höchsten? Wo ist sie am niedrigsten? Woran könnte das liegen? Begründe.

4. In welchem Land würdest du am liebsten leben? Schreibe Gründe dafür auf. Vergleicht.

5. Sammle weitere Informationen über ein Land. Deine Informationen von Seite 8 können dir helfen.

6. Gestalte ein Plakat zu deinem Land.

- SCH achten beim Sprechen auf Lautstärke, Tempo und Satzmelodie, verwenden verständnisunterstützende Gesten
- SCH bauen ihre Beiträge wirkungsvoll, nachvollziehbar und logisch auf
- SCH gestalten ihren fertigen Text ansprechend und passend zur Textfunktion

Schreiben

Einen informierenden Text erschließen

Maylas Zuhause

Mayla erzählt: „In **Afrika** gibt es Menschen, die wohnen **in Häusern**, so wir ihr sie kennt. Meine Familie und ich leben auf dem Land in einem Dorf, das aus vielen **Hütten** besteht. Unsere Hütten sind **aus Holz und Kuhdung**.

Ich wohne hier mit meinen Eltern, meinen sieben Geschwistern, meiner Oma, meinem Opa, unseren Tanten und Onkeln. Insgesamt halten sich bei uns oft mehr als **19 Menschen** auf. **Jede Hütte ist nur ein Raum.** In manchen Häusern **schlafen Menschen**, in anderen werden **Gäste empfangen** und es gibt Häuser für die **Vorräte**. Meine Geschwister und ich schlafen zusammen in einer Hütte.

Ich **stehe jeden Tag um fünf Uhr auf** und laufe mit meinem Bruder **zum Brunnen**, der drei Kilometer entfernt ist, **um Wasser zu holen**. Danach bringen meine **Brüder die Kühe auf die Weide**.
Dann trifft sich die ganze **Familie draußen auf dem Hof, um zu beten**. Wir beten für Freundschaft, Liebe, eine gute Ernte und dass wir alle gesund bleiben.

Wenn die Sonne aufgeht, wird es für mich und meinen großen Bruder Zeit, zur **Schule zu gehen**."

Aha Seite 120

1. Überfliege die Seite. Wovon handelt der Text? Schreibe deine Vermutungen auf.
2. Vergleiche deine Notizen mit einem Partner. Erkläre ihm, wie du zu deinen Vermutungen gekommen bist.
3. Lies den Text genau. Erzähle. Vergleiche mit deinen Notizen.

Aha Seite 121

4. Was erfährst du über Mayla? Sprecht darüber.

AH Seite 6

5. Schreibe über dein Zuhause und deinen Alltag.

– SCH nutzen vor dem Schreiben Methoden zur Sammlung und Ordnung von Informationen
– SCH verfassen eigene informierende, berichtende Texte, achten auf die zeitliche Ordnung von Informationen

Einen informierenden Text überarbeiten

Mein Zuhause Ich wohne mit meinem Papa, meiner Mama und meiner kleinen Schwester Elif in einem Hochhaus. Von dort sehe ich viele andere Häuser und den kleinen Park. Meine Großeltern wohnen nicht da. Wir fahren in den Ferien hin. Wir haben eine sehr große Küche. Wir haben oft Besuch. Hausaufgaben erledige ich auch dort. Aber nur wenn ich darf, denn meine kleine Schwester hat die Küche auch lieber. Morgens stehen wir auf. Ich darf ins Badezimmer. Papa hilft Elif beim Anziehen. Ich decke den Tisch. Wenn Papa und Elif kommen, setzen wir uns gemeinsam hin und frühstücken. Die Brotzeit macht Papa.	**Mein Zuhause** Wir wohnen in einem großen Steinhaus in einem Dorf. Wir, das sind meine Mama, meine Großeltern und ich. Neben unserem Haus sind die Ställe und unsere Äcker. Oma und Opa wohnen anders. Wir wohnen unten. Am liebsten mag ich unsere Küche. Da finde ich immer etwas zu essen. Da bin ich noch viel lieber draußen. Da laufen die Hühner herum. Im Stall stehen unsere Kühe. Manchmal darf ich mit dem Traktor fahren. Opa erlaubt es heimlich. Morgens steh ich um sechs Uhr auf. Da schnappe ich mir die Schultasche. Dann fahre ich lange bis zur Schule. Da steige ich aus und esse erst mal in Ruhe und warte auf die anderen.

1. Lies die Texte.
2. Welcher Text gefällt dir besser? Begründe.

Aha Seite 109

Das hat mir besonders gut gefallen Ich wohne auch im Hochhaus. Die Großeltern passen nicht zu deiner Geschichte.	Das würde ich ändern Da fehlt doch was! Ist doch klar, dass du ins Bad darfst. Was meinst du damit: Elif hat die Küche lieber?
Das hat mich bewegt Was macht die Mama morgens?	Das habe ich nicht verstanden Was machst du im Park?

3. Zu welchem Text gehören diese Anmerkungen? Erkläre.
4. Welche Tipps zum Text sind sinnvoll?
5. Überarbeitet eure eigenen Texte in der Schreibkonferenz.

AH Seite 7

– SCH geben zentrale Anregungen und Hilfestellungen für Texte und heben dabei die Stärken und gelungenen Elemente hervor

Gemeinsamkeiten von Sprachen beschreiben

Sprache untersuchen

Aha Seite 111

la mère Tor! Goal! Gol! die Mutter
But! ekmek das Brötchen le petit pain Гол!
roll земичка mother anne мајка

1. Lies die Wörter. Sprecht darüber.
2. Welche gehören zusammen? Vermute.
3. Kennst du diese Wörter noch in anderen Sprachen? Nenne sie.
4. Wie sagst du zu diesen Personen und Dingen?
5. Findet Wörter in anderen Sprachen, die ihr leicht verstehen könnt.

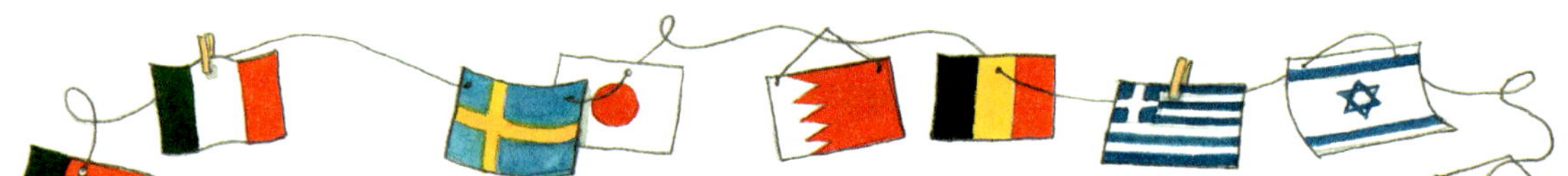

Morgen geh ich Kino.

Je vais aller au cinéma demain.

Сутра идем у биоскоп.

Morge gang i ins Kino.

Das wäre krass uncool, Digga.

I'll go to the cinema tomorrow.

Des basst aber ned.

That's not good.

Yarın sinemaya gidersiniz.

Ce n'est pas bon.

Bu iyi değil.

То није добро.

6. Lies die Sätze. Sprecht darüber.
7. Welche Sätze gehören zusammen? Vermute.
8. Welche Sprachen erkennst du? Kannst du noch andere Sätze in einer anderen Sprache sprechen?
9. Was haben die Sprachen gemeinsam? Was unterscheidet sie? Vergleicht.

– SCH beschreiben Gemeinsamkeiten und Unterschiede von Sprachen und Schriftsystemen im eigenen Umfeld

Großschreibung der Nomen erkennen

Maliks Zuhause

Malik hat ein ___ aus einer Dose gebastelt.
Malik wohnt in Kibera, dem Armenviertel Nairobis, der Hauptstadt Kenias. Die Menschen, die dort wohnen, sind häufig voller ___ , weil sie zu wenig Geld verdienen, um der ___ zu entfliehen.
Die Kinder, die dort aufwachsen, haben kein fließendes ___, Toiletten oder eine Küche.
Aus Abfall basteln die Kinder in Kunstkursen Spielzeug. Dort lernen sie auch zu schauspielern, zu tanzen und zu singen. Zweimal im Jahre finden ___ statt.
Mit ___ erwarten die jungen Künstler ihren großen ___. Voller Stolz zeigen sie ihr ___.
Der Applaus ist ihre schönste Belohnung und er gibt ihnen ___ für die nächste ___.

Ungeduld
Wut
Kraft
Auto
Armut
Aufführungen
Tag
Zeit
Wasser
Können

1. Lies den Text. Ergänze die Lücken.
2. Vergleiche mit einem Partner.
3. Teile ein Blatt in drei Spalten.
   Schreibe die eingesetzten Wörter untereinander in die rechte Spalte.
   Sie haben alle etwas gemeinsam. Erkläre.

4. Ergänze deine Liste:

das	große	Auto
die	große	Wut
die	große	Armut

Seite 16

5. Unterstreiche die Wörter, bei denen du besonders gut überlegen musst, ob es Nomen sind.

AH Seite 8

6. Ergänze deine Liste mit Wörtern aus der Wörterliste.

die Armut	die Aufführung	das Können
die Kraft	der Tag	die Ungeduld
das Wasser	die Wut	die Zeit

– SCH erweitern den Nominalkern (z. B. der Ball, der rote Ball, der rote neue Ball), um die Großschreibung des Nomens zu erkennen

Richtig schreiben

Vokallängen und Silben hören und nutzen

safen	öger	fudeln
saffen	ögger	fuddeln
biefen	mede	lotis
biffen	medde	lottis

1. Lies die Wörter. Sprich sie deutlich.

Seite 16

2. Vergleiche deine Aussprache mit einem Partner. Was fällt euch auf?

3. Schreibe die Wörter auf. Zeichne die Silbenbögen ein. Achte auf das Ende der ersten Silbe.
   sa fen , saf fen

4. Lege eine Tabelle an und ordne die Wörter.

offene Silbe	geschlossene Silbe
sa fen	saf fen

5. Sprich die Wörter deutlich. Achte auf die Mundstellung am Ende der ersten Silbe. Was fällt dir auf?

---

raten die Latten die Zicke hacken die Hütten
die Hüte die Mode die Ziege ich biete
die Ratten der Haken der Laden die Motte ich bitte

6. Lege eine Tabelle an und ordne die Wörter.

offene Silbe	geschlossene Silbe
ra ten	die Rat ten

AH Seite 9

7. Ergänze die Tabelle mit Wörtern aus der Wörterliste.

– SCH nutzen Silben und Klangunterschiede der Vokale, um sich Schreibungen zu erschließen (doppelter Konsonant, ie als regelhafte Schreibung)

Das silbentrennende h erkennen

1. Lies die Wörter. Sie haben alle etwas gemeinsam. Beschreibe.
2. Verlängere die Wörter. Schreibe so:
   der Floh → die Flöhe
   sie steht → stehen
   roh → das rohe Fleisch
3. Zeichne Silbenbögen ein. Was fällt dir auf? Erkläre.
4. Vergleicht eure Ergebnisse.
5. Ergänze mit Wörtern aus der Wörterliste.

Seite 17

Der Kreisel dreht, der Wind, der ___.

Die Sonne glüht, der Sprayer ___.

Die Kuh, die muht, der Hund, der ___.

Der Hahn, der kräht, der Schneider ___.

6. Schreibe die Sätze vollständig auf.
7. Erfinde eigene Reime.

Seite 10

W

drehen	der Floh	froh	gehen	die Kuh
nah	nähen	das Reh	roh	der Schuh
sehen	stehen	wehen	zäh	der Zeh

– SCH nutzen Silben und Klangunterschiede, um sich Schreibungen zu erschließen (silbentrennendes h)

Großschreibung der Nomen erkennen

KÄTZCHEN DER MUSIK HERBST GEFÜHL
TANZT ÜBERRASCHUNG RUCKSACK URLAUB
TASCHE FUCHS SIE BROTZEITDOSE RUFEN

1. Welche Wörter sind Nomen? Begründe.

AH Seite 11

2. Überprüfe deine Auswahl. Schreibe jedes Nomen so auf:
   das Kätzchen
   das kleine Kätzchen
   das kleine, süße Kätzchen
   das kleine, süße, kuschelige Kätzchen

! Mit dem erweiterten **Nominalkern** erkenne ich, ob es sich um ein Nomen handelt. Das Nomen schreibe ich groß.
die Wut – die große Wut
das Auto – das große Auto

Vokallängen und Silben hören und nutzen

lieb der Brunnen schenken links glatt der Juli
der Keks sie sprang der Tag das Paket er rief süß
schwer der Brief spinnen das Quadrat das Bett hart

3. Ist die erste Silbe offen oder geschlossen?
   Schreibe die Wörter in einer zweisilbigen Form auf: lie be

! Endet die erste Silbe mit einem Vokal, nenne ich diese Silbe eine **offene Silbe**. Der Vokal klingt lang.
Endet die erste Silbe mit einem Konsonanten, nenne ich diese Silbe eine **geschlossene Silbe**. Der Vokal klingt kurz.
he ben, hel fen

– SCH erweitern den Nominalkern, um die Großschreibung des Nomens zu erkennen
– SCH nutzen Silben und Klangunterschiede der Vokale, um sich Schreibungen zu erschließen (doppelter Konsonant, ie-Schreibung)

Das silbentrennende h erkennen

der Sch u/uh · der H o/oh f · g e/eh t · er n ä/äh t

fr ü/üh · es bl ü/üh t · die K u/uh · der T a/ah g

das L o/oh s · g u/uh t · sie t o/oh bt

er m ä/äh t · es z ie/ieh t · der Z e/eh

(1) Suche zu jedem Wort die zweisilbige Form.
Ergänze die fehlenden Buchstaben. Schreibe auf:
die Schu he – der Schuh, die Hö fe – der Hof, ...

AH Seite 11

> Manchmal höre ich das **h** in einem Wort nicht.
> Ich verlängere das Wort. So kann ich es hören.
> das Reh – die Rehe
> nah – der nahe Wald

Ein langer Weg
In manchen Ländern legen Kinder lange Wege zurück, um zur **Schule** gehen zu können. So läuft Pikka auch im Winter jeden Tag eine Stunde durch die Eiseskälte von Lappland zu ihrer **skuvla**. Und Thiago durchquert einmal die Woche vier Stunden lang die Anden, um zur **escuela** zu gelangen. Doch nicht alle Kinder haben das Glück, eine Ausbildung zu erhalten. In einigen Regionen Ugandas ist es Mädchen überhaupt nicht möglich, eine **shule** zu besuchen.

(2) Schreibe den Text als Laufdiktat.

Aha Seite 113

(3) Kennst du das Wort **Schule** in weiteren Sprachen? Schreibe auf.

W

das Glück	die Kälte	das Kind	das Land
die Schule	die Stunde	der Weg	die Woche

Schneller in die Sonne
Früher brauchten die Menschen sechs Tage von München bis zum Gardasee. Ein Mountainbiker benötigt heute etwa sieben Tage. Inzwischen können Touristen schon für ein Wochenende an den größten See Italiens fahren.

Technik, die beschleunigt
Den Passagieren der ersten Fahrzeuge verging noch Hören und Sehen: Sie waren das hohe Tempo nicht gewöhnt. Heute bestimmt Geschwindigkeit unseren Alltag.

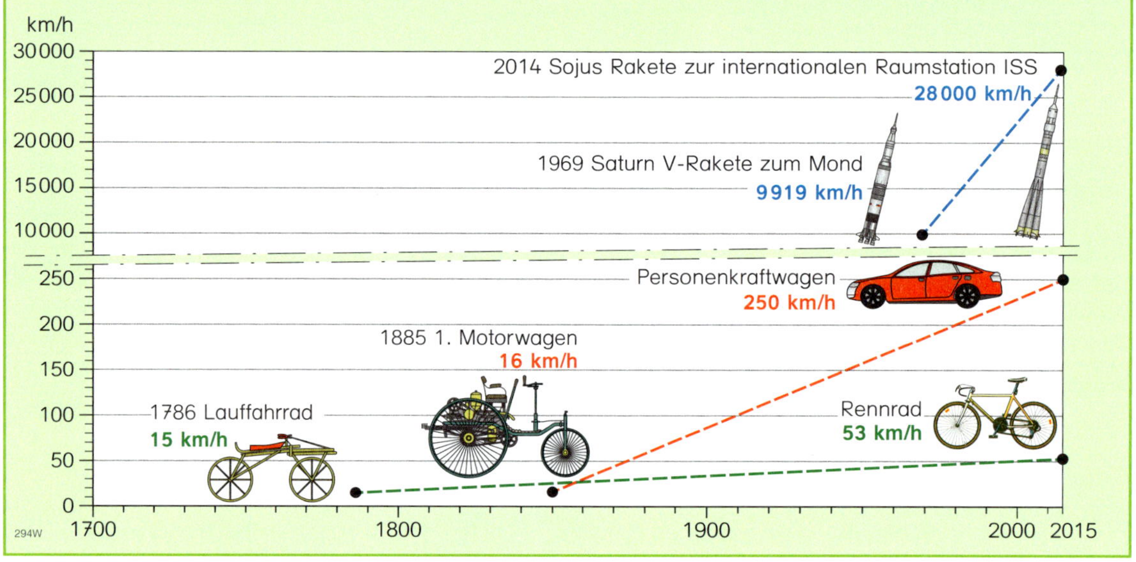

Aha Seite 108

① Lies die Grafiken. Tauscht euch in der Klasse darüber aus.

der Tourist — der Passagier — die Etappe
der Alpencross — die Beschleunigung — …

Aha Seite 111

② Erklärt die Fachbegriffe.

③ Wähle eine Grafik aus. Berichte einem Partner. Verwende die Fachbegriffe.

④ Frage nach und beantworte die Fragen deines Partners.

⑤ Erfinde ein eigenes Fortbewegungsmittel. Male es auf. Erzähle dazu.

– SCH entnehmen Beiträgen in fachspezifischer Bildungssprache die wesentlichen Informationen
– SCH beteiligen sich in Gesprächen: berichten
– SCH benennen Gründe für ihr Nicht-Verstehen

Ein Experiment beschreiben

der Föhn

die Luftballons

der Plastikball

der Papierstreifen

anziehen

der Auftrieb

die Luft

...

der Luftstrom

1. Sieh dir die Bilder an. Beschreibe.
2. Welche Materialien benötigst du für welchen Versuch? Ordne zu.
3. Wähle einen Versuch aus. Beschreibe, wie er aufgebaut ist. Verwende die Fachbegriffe. Aha Seite 111
4. Funktioniert der Versuch? Überprüft eure Beschreibung.
5. Beschreibe einem Partner, was du bei dem Versuch beobachtet hast. Schreibe Stichpunkte auf, damit du dich besser zurechtfindest. Aha Seite 121
6. Finde Erklärungen für das Versuchsergebnis.

– SCH achten auf die Vollständigkeit sowie die reihende Darstellung von Informationen

Eine Versuchsbeschreibung schreiben

Versuchsbeschreibung

In der Schule haben wir mehrere Versuche gemacht. Zuerst haben wir alle Materialien für die Versuche hergerichtet. Wir haben ausprobiert, wie das alles geht. Wir konnten die Luft selber pusten oder den Föhn einschalten. Dann hat sich alles bewegt.

Das Blatt ist nach oben geflogen, obwohl wir draufgepustet haben. Die Luftballons haben sich nicht auseinanderbewegt. Der Plastikball ist nicht weggeflogen. Alles ist ganz anders als man eigentlich denkt. Irgendwie muss das etwas mit der Luft zu tun haben. Ganz schön seltsam.

Ich brauche:
einen Föhn
einen Papierstreifen

So gehe ich vor:
Ich nehme den Papierstreifen in meine Hand. Dann puste ich über den Papierstreifen. Dann kann ich das auch noch mit einem anderen Papier ausprobieren.
Ich muss darauf achten, dass …

Das kann ich beobachten:
Das Papier …

So kann man das erklären:

Die Luft strömt um die Sachen herum. Dort, wo sie einen Widerstand findet, strömt sie schneller. Der Luftstrom zieht die Dinge an.

1. Lies die Texte:
   - Was gefällt dir gut?
   - Was möchtest du verändern?
2. Worauf musst du achten, wenn du einen Versuch beschreibst?
3. Beschreibe deinen Versuch. Achte auf die richtige Reihenfolge. Deine Stichpunkte helfen dir.
4. Erkläre, wo du im Alltag die Auswirkung des Versuchs beobachten kannst.

Aha Seite 121

AH Seite 12

– SCH ziehen typische Elemente aus informierenden Texten heran und erstellen für eigene Texte Sammlungen
– SCH verfassen eigene informierende, beschreibende Texte

Eine Versuchsbeschreibung überarbeiten

Der schwebende Ball

Ich brauche: Bälle, die unterschiedlich sind, einen Föhn

So gehst du vor:
- Ball schwebt über dem Föhn
- Föhn einschalten
- Föhn auch schräg halten
- Föhn unterschiedlich schnell laufen lassen

Das kann ich beobachten:
Der Ball fliegt nicht weg.

Bei Flugzeugen wird auch die Kraft des Luftstroms genutzt, dass es fliegt.

Die Schrift gefällt mir.

Die Gliederung ist übersichtlich.

Das würde ich anders ordnen.

Sonst nichts?

Das solltest du genauer beschreiben.

Flugzeuge finde ich spannend.

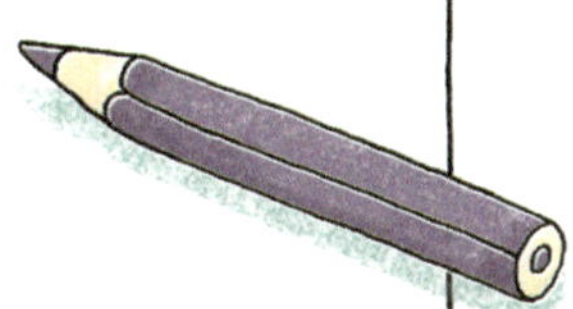

1. Lies den Text. Welche Tipps helfen weiter?
2. Ergänze hilfreiche Tipps.
3. Arbeitet in der Gruppe.
   Tauscht eure Texte aus.
   Gebt einander Tipps. Schreibt über den Rand.
4. Überarbeite deinen eigenen Text.
5. Stellt eure Texte in der Klasse aus.

Aha Seite 125

– SCH geben zentrale, konkrete Anregungen und Hilfestellungen für Texte und heben Stärken hervor
– SCH untersuchen Texte und beschreiben, welche sprachlichen Gestaltungsmittel und Textmerkmale für informierende Texte typisch sind

Sprache untersuchen

Die zweite Vergangenheit verwenden

In der Ausstellungshalle

Wir sind zu einer Ausstellung über die Luftfahrt gefahren.
Dabei haben wir viele Flugzeuge gesehen. Auch viele Erwachsene sind staunend um die alten Doppeldecker herumgegangen.
Den ersten erfolgreichen motorisierten Flugversuch haben die Brüder Wright gestartet. Das ist nicht ungefährlich gewesen. Niemand hat an den Erfolg der Luftpiloten geglaubt. Einige Jahre später haben die ersten erfolgreichen Segelflugzeuge abgehoben.
Erst nach den ersten Postflügen hat die Passagierluftfahrt begonnen.
Die Maschinen sind damals noch viel kleiner gewesen.

1. Lies den Text. Tauscht euch aus.

Seite 26

2. Woran erkennst du, dass der Besuch in der Ausstellungshalle vorbei ist?

3. Schreibe alle Verben aus dem Text mit ihrer Grundform auf:
   wir sind gefahren – fahren

Seite 126

4. Ordne die Verben. Achte auf das Hilfsverb.

5. Vergleiche deine Ordnung mit einem Partner. Erkläre.

---

spielen	fahren	fliegen	helfen
sprechen	laufen	lachen	schreiben
lesen	werfen	springen	tragen

6. Schreibe die Verben mit allen Personalpronomen in der zweiten Vergangenheit auf:
   ich bin gefahren, du bist gefahren, er/sie/es …

7. Schreibe weitere Verben in der zweiten Vergangenheit auf. Unterstreiche das Hilfsverb.

AH Seite 13

8. Diktiere einem Partner ein Verb. Dein Partner muss das Verb in der ersten und zweiten Vergangenheit aufschreiben. Wechselt euch ab.

– SCH verwenden Verben in den verschiedenen Zeitformen in angemessener Weise (die zweite Vergangenheit)

Adjektive steigern

	Königslibelle	Wanderfalke	Mountainbiker	Düsenjet
				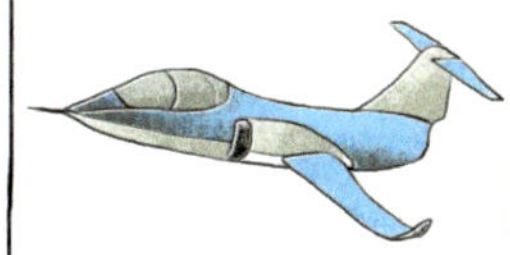
Größe	11 cm	38–50 cm	1,85 m	33 m
Gewicht	1,2 g	bis 900 g	85 kg	27.000–77.000 kg
Höchst-geschwindigkeit	100 km/h	389 km/h (im Sturzflug)	50 km/h	3 500 km/h

1. Lies die Tabelle. Vergleiche.
2. Ordne die Adjektive, die du verwendet hast. Lege eine Tabelle an.

Seite 131

Grundstufe	Höherstufe	Höchststufe
groß	größer	am größten
schwer	...	
schnell		

3. Trage weitere Adjektive mit ihren Vergleichsstufen ein.
4. Bilde Sätze. Unterstreiche die Ausdrücke, die den Vergleich beschreiben. Die Königslibelle ist kleiner als der ...

Seite 14

TIEF LIEGEN MANCHMAL DRECKIG LICHT GERN
SCHARF KALT SEHR KURZ DRECK MACHEN
SCHLIMM NATUR EHRLICH RICHTIG GUT

5. Welche Wörter sind Adjektive? Schreibe auf.
6. Was hat dir geholfen? Erkläre.

W

alt	dumm	frei	gern	groß
gut	hungrig	klein	lang	langsam
leicht	schlecht	schwer	schwierig	stark

– SCH wenden Strategien zum Erkennen von Adjektiven an (z. B. steigern, vergleichen)
– SCH nutzen Adjektive, z. B. indem sie den Nominalkern erweitern (das blaue Haus, das neue, blaue Haus)

Wortfamilien erkennen

Das  nach Griechenland  nonstop.

Der  dauert zweieinhalb Stunden. Die  im PKW dorthin würde 21 Stunden dauern. Ein  allein kann diese Strecke nicht ohne Pause  .

1. Ergänze die Sätze. Schreibe sie auf.
2. Vergleicht.
3. Unterstreiche die Wörter, die du eingesetzt hast.
4. Ordne die Wörter.
   Was haben sie gemeinsam? Vergleicht.

Seite 27

5. Unterstreiche jeweils den gleichen Wortstamm mit einer Farbe.
6. Finde weitere Wörter zu jeder Wortfamilie.
   Verwende dein Wörterbuch.
7. Sammle Wörter für eine neue Wortfamilie.
   Lass deinen Partner den Wortstamm unterstreichen.

1. 2.

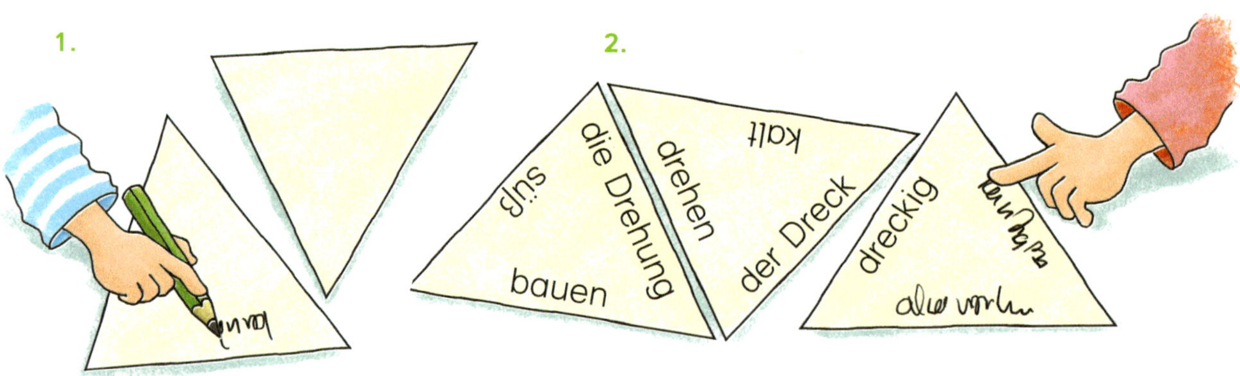

8. Schau dir die Bilder an. Erkläre das Spiel einem Partner.
9. Schreibe eigene Wortkarten. Spielt das Spiel.
10. Bilde mit einigen Wörtern Sätze.
    Unterstreiche den Wortstamm.

AH Seite 15

– SCH übertragen die Schreibweise von Wortstämmen auf verwandte Wörter
– SCH bilden Wortfamilien und beschreiben Auffälligkeiten auch hinsichtlich einer Änderung des Stammvokals

Die erste Vergangenheit verwenden

Richtig schreiben

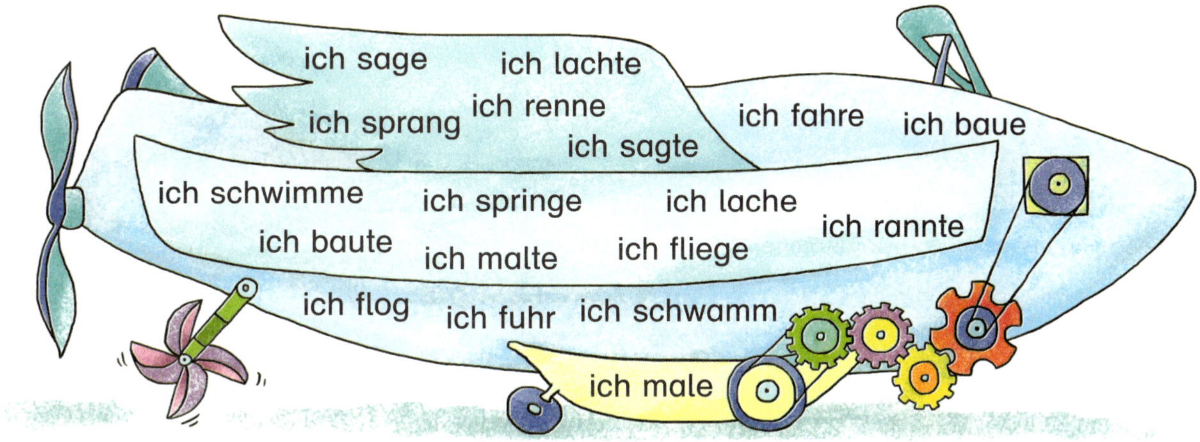

① Ordne die Wörter. Vergleicht.

② Schreibe die Verben in den Personalformen **er** und **wir** auf.
Was stellst du fest?

fallen müssen geben tragen können
schreiben liegen kommen rufen
scheinen lesen schieben sitzen
schneiden ziehen steigen
gehen schlafen trinken laufen

③ Schreibe die Verben in der ersten Vergangenheit auf.
Verwende die Wörterliste: wir fallen – wir fielen, …

Aha Seite 116

④ Achte auf den Wortstamm. Was fällt dir auf?

⑤ Bei einigen Verben fällt es dir leicht, die erste Vergangenheit zu bilden, bei anderen ist es schwerer. Finde Beispiele und erkläre.

AH Seite 16

⑥ Sammelt Texte, in denen Verben in der ersten Vergangenheit stehen. Um welche Texte handelt es sich?

W

bleiben	fahren	fallen	fliegen	geben
gehen	kommen	laufen	lesen	liegen
rufen	schneiden	schreiben	schwimmen	ziehen

– SCH üben Präteritumsformen von Verben und achten dabei auf die Vokallänge

Die erste und zweite Vergangenheit verwenden

Wenn die Ziege schwimmen lernt

Es (geben) einmal eine Zeit, da (gehen) alle Tiere in die Schule. Doch nicht jeder Schüler (mögen) jedes Fach. So (lieben) die Ente den Schwimmunterricht, denn sie (schwimmen) sogar noch schneller als der Lehrer. Doch später, im Kletterunterricht, (gelingen) ihr einfach nichts. Darüber (schütteln) der Lehrer nur den Kopf.
Noch schlechter (ergehen) es der kleinen Raupe mit den Klebefüßen. Denn obwohl sie im Kletterunterricht problemlos den Baum hinauf (krabbeln), (kommen) sie im Flugunterricht einfach nicht vom Boden.
Irgendwann (weigern) sie sich. Daraufhin (fliegen) sie schließlich doch noch – allerdings von der Schule.
Am Ende des Schuljahres (können) kein Tier mehr irgendetwas sehr gut und alle (haben) schlechte Noten im Zeugnis. Da (wissen) die Schüler gar nicht, was sie tun (sollen). Schließlich (schwimmen) der Fisch und die Ente um die Wette und die Ameise (bauen) sich einen großen Ameisenhaufen. Und jeder (machen) seine Sache richtig gut.

1. Lies den Text. Was musst du verändern?

2. Schreibe die veränderten Verben untereinander in eine Tabelle. Welche Zeit hast du verwendet? Finde eine passende Überschrift.

?	
...	

AH Seite 17

3. Ergänze die Tabelle. Schreibe die Verben in der anderen Vergangenheitsform in die zweite Spalte.

!

Verben sagen, wann etwas geschieht.
Wenn etwas schon vorbei ist, nennt man es Vergangenheit.
Die **erste und zweite Vergangenheit** findest du in der Wörterliste.
sagen, ich sage, ich sagte, ich habe gesagt
gehen, ich gehe, ich ging, ich bin gegangen

– SCH verwenden Verben in den verschiedenen Zeitformen in angemessener Weise
– SCH üben Präteritumsformen von Verben und achten dabei auf die Vokallänge

Wortfamilien erkennen

Viele  zeuge bringen Geen mit sich.
So muss man vor allem bei winterlichen  ten aufpassen,
sich und andere nicht zu geden. Auch auf dem Schlitten sollte
der  er darauf achten, eine freie  bahn zu haben, bevor
er startet. Und auch  raden kann gelich sein. Eine
passende Ausrüstung ist wichtig, um die  gelos anzutreten.

1. Lies den Text. Welche Wortfamilie versteckt sich darin? Erkläre.
2. Ergänze den Text sinnvoll und schreibe ihn vollständig auf.

!

Wörter, die einen gemeinsamen Wortstamm haben, gehören zu einer **Wortfamilie**.
Der Wortstamm wird meist gleich geschrieben.
ziehen, ich zog, das Zugpferd
der Fluss, flüssig, fließen

Die verrückte Welt der Rekorde
Manchmal hat man das Gefühl, dass nur noch Rekorde zählen. Dabei werden auch sehr ungewöhnliche Höchstleistungen erbracht. Den lustigen Weltrekord im Rückwärts-Fahrradfahren und Geigespielen hält zum Beispiel ein Deutscher. Er hat auf diese merkwürdige Art sechzig Kilometer in fünf Stunden geschafft! Und auch in der Luft werden unglaubliche Ergebnisse erzielt. So liegt die neue Bestleistung beim Kunstflug-Looping-Fliegen bei 333 Überschlägen hintereinander. Wer kann da noch gut mithalten?

3. Schreibe den Text ab.
4. Schreibe alle Adjektive mit ihren Vergleichsstufen auf.

Aha Seite 113

W

das Ergebnis	das Gefühl	der Kilometer	lang	die Luft
lustig	neu	der Rekord	verrückt	die Welt

– SCH übertragen die Schreibweise von Wortstämmen auf verwandte Wörter
– SCH wenden Strategien zum Erkennen von Adjektiven an (z.B. steigern, vergleichen)
– SCH üben Rechtschreibung am Grundwortschatz

Sprechen und Zuhören

Aha Seite 108

1. Schau dir die Bilder an. Erzähle.
2. Wähle ein Bild oder eine Figur aus.
   Male auf, was deine Figur Seltsames erlebt.
3. Erzähle die Geschichte zu deinem Bild.

4. Legt euch eine Requisitenkiste an. Jeder zieht blind einen Gegenstand. Erzählt zusammen reihum eine Geschichte. Dein Gegenstand muss in deinem Erzählabschnitt vorkommen.

Aha Seite 111

5. Was fandest du beim gemeinsamen Erzählen leicht? Was war für dich schwierig? Tauscht euch aus.

- SCH bauen ihre Beiträge wirkungsvoll, nachvollziehbar und logisch auf
- SCH zeigen rücksichtsvolles Gesprächsverhalten: gehen sinnvoll auf Beiträge ein und führen sie weiter, geben Rückmeldung zu Beiträgen oder zum Gruppenprozess

Einen erzählenden Text planen

Ein Blaubär hat siebenundzwanzig Leben. Dreizehneinhalb davon werde ich in diesem Buch preisgeben, über die anderen werde ich schweigen. Ein Bär muss seine dunklen Seiten haben, das macht ihn attraktiv und mysteriös.

Man fragt mich oft, wie es früher war. Dann antworte ich: Früher gab es von allem viel mehr. Ja, es gab Inseln, geheimnisvolle Königreiche und ganze Kontinente, die heute verschwunden sind – überspült von den Wellen, versunken im Ozean. Denn die Meere steigen immer höher, sehr langsam, aber unerbittlich, bis eines Tages unser ganzer Planet von Wasser bedeckt sein wird – nicht umsonst steht mein Haus auf einer hohen Klippe, und nicht umsonst ist es ein immer noch seetüchtiges Schiff. Von diesen Inseln und Ländern will ich erzählen, und von den Wesen und Wundern, die in ihnen versunken sind.

Ich müsste lügen (und es ist ja hinlänglich bekannt, dass das nicht meiner Natur entspricht), wenn ich behaupten würde, meine ersten dreizehneinhalb Leben wären ereignislos verlaufen.

Schreiben

(1) Lies den Text. Schau dir das Bild an. Erzähle.

(2) Vermute, was in der Geschichte weiter passieren könnte.

(3) Sammle deine Ideen. Du kannst
- malen
- ein Cluster anlegen
- Stichpunkte sammeln

Aha Seite 118

(4) Stelle deine Ideen einem Partner vor.
Lass dir Rückmeldung geben.

– SCH nutzen vor dem Schreiben Methoden zur Sammlung und Ordnung von Wortmaterial und Schreibideen

Mit Erzählkarten Texte planen und schreiben

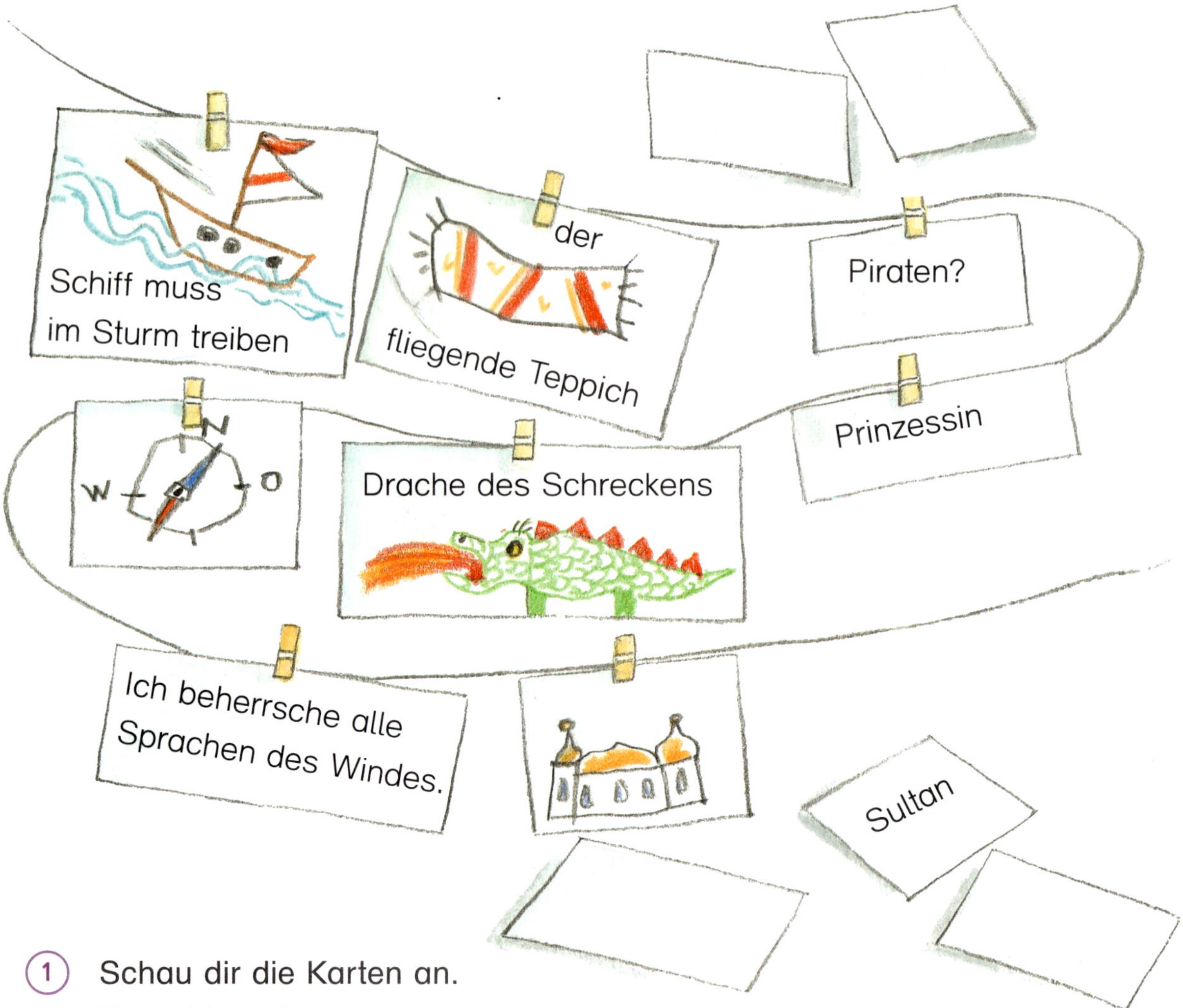

1. Schau dir die Karten an. Tauscht euch aus.
2. Ordne die Karten. Begründe deine Ordnung. Erzähle die Geschichte.
3. Lege eigene Karten für deine Geschichte an. Ordne sie.

4. Geh herum und schau dir die Karten deiner Mitschüler an. Merke dir Ideen, die du später für deine Geschichte verwenden willst.
5. Schreibe deine Geschichte auf.

AH Seite 18

Aha Seite 122

– SCH bauen ihre eigenen erzählenden Texte sinnvoll auf und stellen ein erzählenswertes Ereignis ins Zentrum

Einen erzählenden Text überarbeiten

Plötzlich schwankte mein Schiff in den hohen Wellen.
Unerfahrene Seemänner wären sicherlich ganz grün
um die Nase geworden. Meine Crew hatte das nicht.
Meine Crew half mir bei den Sachen. Das war ganz toll.
Wie ein fliegender Teppich schob sich mein Schiff
über die Wellen. Und schon hatten wir den Palast erreicht.
Und schon war die Prinzessin an Bord.

Naomi

1 Lies Naomis Text.

2 Lies die Beiträge der Kinder.
Zu welchem Textfenster tauschen sich die Kinder gerade aus?

3 Erkläre die Überarbeitung mit dem Textfenster.

Aha Seite 124

4 Ergänzt in der Gruppe eigene Beiträge.

5 Überarbeite Naomis Text.

6 Überarbeitet eure eigenen Texte mit dem Textfenster.

– SCH nehmen zentrale Ideen für die Überarbeitung auf und setzen sich dazu jeweils ein konkretes Überarbeitungsziel

Sprache unter-suchen

Veränderungen des Falls beschreiben

 liest.

Das Buch  liegt auf dem Boden.

Die Mutter gibt  ein Buch.

Sie krault  .

der kleine Drache

1. Schau das Bild an. Lies die Sätze. Sprecht darüber.
2. Fülle die Lücken. Schreibe die Sätze auf.
3. Was fällt dir auf? Tauscht euch aus.
4. Unterstreiche, was sich an den eingesetzten Wörtern ändert.

Seite 36

die kleine Hexe

das kleine Einhorn

5. Schreibe auch zu diesen Bildern Sätze auf.
6. Vergleiche den Artikel, die Adjektive und die Nomen.
   Was fällt dir auf?
7. Schreibe zu jedem Satz Frage und Antwort auf.

Wer liest?	Die kleine Hexe ...
Wessen Buch liegt auf dem Boden?	Das Buch der kleinen ...
Wem gibt sie ein Buch?	Der ...
Wen krault sie?	Die ...

8. Unterstreiche die Fragewörter und die Antworten. Vergleicht.

AH Seite 19

– SCH beschreiben die Veränderungen des Falls bei Artikeln, Nomen und Adjektiven, die mit der Verwendung im Satz zusammenhängen

Die vier Fälle beschreiben

Sprache untersuchen

Ich sehe meinen Opa.
Der Hund stiehlt dem Koch ein Ei.
Sie beschenkt die nette Frau.
Der Hund bestiehlt den Koch.
Ich helfe meinem Opa.
Sie schenkt der netten Frau eine Kinokarte.

1. Lies die Sätze.
2. Immer zwei Sätze gehören zusammen. Schreibe auf.
3. Unterstreiche die Unterschiede in den Sätzen.
4. Beschreibe die Veränderungen.

Seite 36

	Einzahl	Mehrzahl
1. Fall **Wer oder was...?**	das Kind	
2. Fall **Wessen...?**	des Kindes	
3. Fall **Wem?**		
4. Fall **Wen oder was...?**		

den Kindern
dem Kind
die Kinder
das Kind
die Kinder
der Kinder

5. Spielt zu zweit.
   - Schreibt die Wörter auf Wortkarten.
   - Nimm eine Karte und nenne das Wort.
   - Dein Partner nennt die Bezeichnung und legt die Karte ins richtige Feld.

das Boot
der Stein
die Tanne

Seite 20

6. Stellt weitere Wortkarten für euer Spiel her.

W

das **Boot**	der **Fall**	der **Hund**
die **Schwester**	der **Stein**	die **Tanne**

– SCH beschreiben die Veränderungen des Falls bei Artikeln, Nomen und Adjektiven, die mit der Verwendung im Satz zusammenhängen
– SCH nutzen den Satzzusammenhang, um flektierbare Wörter richtig zu schreiben

Die wörtliche Rede erkennen

① Schau dir die Bilder an. Erzähle.

Jemine, jemine! Ich komme bestimmt zu spät!
Mir ist so langweilig!
Celia, siehst du das Kaninchen?
Ich will dem Kaninchen hinterhergehen.

② Ordne die Sprechblasentexte den Bildern zu.

Seite 37

③ In einem Buch steht der Text nicht in Sprechblasen. Schreibe den Text so auf, dass der Leser auch ohne Bilder weiß, wer spricht.

Alice fragt: „Celia, siehst du das Kaninchen?“
Alice sagt: „Ich will dem Kaninchen hinterhergehen.“
Das Kaninchen ruft: „Jemine, jemine. Ich komme bestimmt zu spät!“

„Celia, siehst du das Kaninchen?“, fragt Alice.
„Ich will dem Kaninchen hinterhergehen“, sagt Alice.
„Jeminie, jemine. Ich komme bestimmt zu spät!“, ruft das Kaninchen.

④ Lies die Sätze. Vergleiche. Was fällt dir auf?

Dies ist unmöglich!

Du musst nur daran glauben.

AH Seite 21

⑤ Schreibe die Sätze auf. Stelle den Redebegleitsatz an unterschiedliche Stellen. Achte auf die Satzzeichen.

– SCH markieren wörtliche Rede innerhalb von Sätzen durch Anführungszeichen und schließen den Redebegleitsatz vor und nach der wörtlichen Rede mit richtigen Satzzeichen ab

Rede- und Satzzeichen setzen

Hilfe schrie ich, aber dann merkte ich,
wie mich mehrere Hände am Kragen packten
das ist ja nochmal gut gegangen hörte ich ein
kleines Männchen hielt mich an meinen Schultern äh,
vielen Dank für die Rettung
sagte ich verdutzt schon ok
antwortete das seltsame Wesen er zeigte auf sich
und seine beiden Freunde
das ist unser Beruf sagte er dann
ihr rettet Leben das ist euer Beruf
fragte ich überrascht
wir retten alle Fremden, die unsere Hilfe brauchen
es ist sehr gefährlich hier, aber wir Zwerge kennen
uns gut aus mit uns bist du sicher
was machst du hier, Fremder fragte der kleinste
Zwerg neugierig das ist eine lange Geschichte sagte ich …

1. Lies den Text.
   Wovon erzählt er?

Aha Seite 108

2. Wie ist es dir beim Lesen des Textes gegangen?
   Tauscht euch aus.

3. Wie musst du vorgehen, damit dir das Lesen des Textes gelingt?

4. Schreibe den Text mit allen Satzzeichen auf.
   „Hilfe!", schrie ich, aber dann merkte ich, wie mich mehrere Hände am Kragen packten.

! Seite 37

5. Tragt den Text mit verteilten Rollen vor.
   Markiere deine Redeteile.

Aha Seite 110

6. Vergleicht. Überarbeite deinen Text, wenn nötig.

AH Seite 22

7. Sammelt Wörter zum Wortfeld **sagen**.

W

brüllen	entgegnen	erwidern	flüstern
fragen	rufen	sagen	wispern

– SCH markieren wörtliche Rede innerhalb von Sätzen durch Anführungszeichen und schließen den Redebegleitsatz vor und nach der wörtlichen Rede mit richtigen Satzzeichen ab
– SCH versetzen sich in eine Rolle und beobachten andere im szenischen Spiel

Die vier Fälle erkennen

Das Netz 🔍 (das neue Tor) auf dem Fußballplatz wurde zerschnitten. Die vier Kinder der Lupen-Bande untersuchen 🔍 (der spannende Fall). Am nächsten Wochenende wollen sie 🔍 (das Turnier) gegen den Nachbarort genauer beobachten. Und tatsächlich! Vor allem am Ende des Turnieres sieht 🔍 (die Bande) einen Mitspieler immer wieder in der Nähe des Tores. Die Kinder notieren sich die Rückennummer 🔍 (der gegnerische Spieler), bei dem ihnen noch etwas Merkwürdiges aufgefallen ist. Und wirklich: Am nächsten Tag findet 🔍 (der Platzwart) auch im zweiten Tornetz ein großes Loch. Die Kinder der Lupen-Bande sind sich aber sicher, 🔍 (die zuständige Gemeinde) den Übeltäter nennen zu können. Welche Rückennummer hat sich die Lupen-Bande wohl notiert?

1. Lies den Text. Löse das Rätsel. Erkläre.
2. Schreibe den Text vollständig auf.
3. Schreibe zu jeder Lupe Frage und Antwort auf.
   Wessen Netz wurde zerschnitten?
   Das Netz des neuen Tores wurde zerschnitten.
4. Bestimme den Fall.
   Das Netz des neuen Tores wurde zerschnitten. – 2. Fall

AH Seite 23

Die Nominalphrase kann in **vier Fällen** stehen:
1. Fall: der große Mann
2. Fall: des großen Mannes
3. Fall: dem großen Mann
4. Fall: den großen Mann

– SCH beschreiben die Veränderungen des Falls bei Artikeln, Nomen und Adjektiven, die mit der Verwendung im Satz zusammenhängen

Rede- und Satzzeichen setzen

(1) Schreibe den Comic als Text vollständig auf.
Stelle den Redebegleitsatz an unterschiedliche Stellen.

AH Seite 23

Wenn jemand im Text spricht, steht der Text in der wörtlichen Rede.
Der Redebegleitsatz kann vor oder nach der **wörtlichen Rede** stehen.

wörtliche Rede — Redebegleitsatz

„Ich esse immer in der Schulmensa“, erklärt Lisa.

Anführungszeichen unten — Anführungszeichen oben — Komma — Punkt

Ein Esel lernt lesen

„Seht nur, was er schon gelernt hat“, sagte Till.
„Und morgen lernt er die Buchstaben O und U.“

Einmal forderten Leute Till Eulenspiegel auf: „Bringe einem Esel das Lesen bei.“

„I-A“, schrie der Esel, als er nichts fand.

„Das mache ich“, antwortete dieser. Er übte mit dem Tier und legte ihm Hafer zwischen die Buchseiten.

Als seine Herausforderer sieben Tage später kamen, war kein Hafer versteckt. Dennoch blätterte der Esel jede Seite um und suchte sein Fressen.

(2) Schreibe den Text als Schnipseldiktat.

Aha Seite 113

antworten — auffordern — blättern — die Leute — schreien

- SCH markieren wörtliche Rede innerhalb von Sätzen durch Anführungszeichen und schließen den Redebegleitsatz vor und nach der wörtlichen Rede mit richtigen Satzzeichen ab
- SCH üben Rechtschreibung am Grundwortschatz

Sprechen und Zuhören

1. Lies die Überschriften der Nachrichten.
2. Ergänze aktuelle Schlagzeilen.
   Welches Thema interessiert dich?
3. Sammle Informationen zu deinem Thema.
4. Berichte einem Partner.
5. Höre deinem Partner zu.
   - Waren wichtige Informationen enthalten?
   - Was konntest du gut verstehen?
   - Warum konntest du dem Bericht nicht gut zuhören?
6. Berichte über die Schlagzeile deines Partners in der Klasse.
7. Was haben alle Nachrichten gemeinsam?

Aha Seite 108

– SCH bauen ihre Beiträge wirkungsvoll, nachvollziehbar und logisch auf
– SCH beteiligen sich an Gesprächen: erzählen, berichten
– SCH beschreiben und vergleichen Aspekte konzeptioneller Mündlichkeit und Schriftlichkeit

Informationen im Internet suchen

1. Welche Kindersuchmaschinen im Internet kennst du?
   Du kannst auch deine Lehrer oder Eltern fragen. Erzähle.

2. Verwendest du das Internet, um neue Informationen zu einem Thema zu bekommen? Berichte.

Aha Seite 108

---

1. Öffne den Internetbrowser deines Computers.
   Schreibe den Namen der Internetseite in die Adresszeile.

2. Öffne die Kindersuchmaschine mit der Return-Taste  .

3. Schreibe deinen Suchbegriff in das Suchfeld.

4. Wähle eine passende Internetseite zu deinem Thema aus.

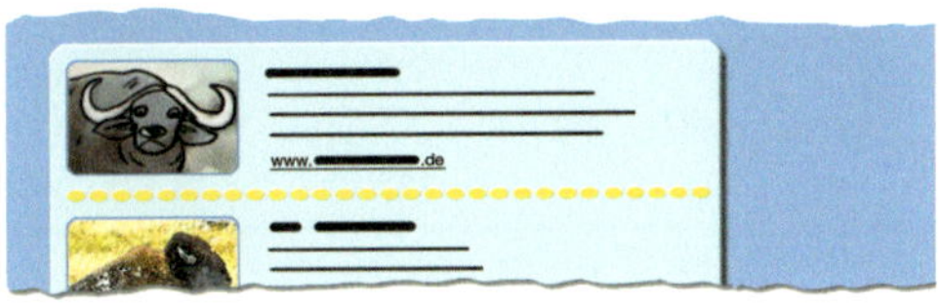

3. Lies die Schritte.
   Erkläre einem Partner, wie er vorgehen muss.

4. Suche Informationen zu deiner Schlagzeile im Internet.
   Verwende verschiedene Kindersuchmaschinen.
   Vergleiche.

5. Welche Möglichkeiten gibt es noch, Informationen zu einem bestimmten Thema zu sammeln? Erkläre.

Schreiben

Informationen auswählen

Bionik und Erfindungen

Die Bionik ist ein interdisziplinäres Forschungsfeld. Sie geht davon aus, dass die Natur im Laufe der Evolution von selbst Prozesse entwickelt, von denen der Mensch lernen kann.

Erfindungen – Inventions

Last year we had a very interesting project in our bilingual school about inventions. We did many different experiments and then we tried to make our own inventions.

Allerlei Erfindungen

Hier gibt es viele Informationen zu Erfindungen aus den Bereichen Medien, Autos, Haushaltsgeräte und vieles mehr.
Von Experten für Kinder erklärt.

Sehr erfinderisch!

Manchmal lassen sich Menschen kleine oder größere Notlügen einfallen, um sich aus einer bestimmten Situation zu retten. Dabei werden sie oft sehr erfinderisch!

Aha Seite 120

1. Lies die Suchergebnisse.
   Welcher Text ist zum Thema **Erfindungen** hilfreich? Begründe.
2. Wie kannst du noch gezielter Informationen finden? Probiert es aus.

AH Seite 24

3. Finde Informationen zu deiner Schlagzeile.
   Wähle sinnvolle Suchergebnisse aus. Schreibe Stichpunkte auf.

Aha Seite 121

4. Schreibe eine Nachricht zu deiner Schlagzeile.

– SCH nutzen Schreiben zum Erschließen von Texten (Zusammenfassung von Informationen)

Eine Nachricht schreiben und überarbeiten

NEWS

Die Überschrift gefällt mir gut.

Jury kürt cleverste Erfindung

Vor kurzem fand in einer Halle in Bayern eine wichtige Sache für junge Forscher und Erfinder statt. Dort konnten die Jungen und Mädchen ihre Sachen vorstellen und zeigen, was in ihnen steckt. Manche Erfindungen fand ich allerdings nicht so gut. Aber eine Sache möchte ich euch vorstellen: Eine Mathematik-Lösungs-App! Schon klasse, was man mit den modernen Medien so alles machen kann, um sich das Leben zu erleichtern!

Samantha

Wo genau?

Was ist das?

Warum?

1. Welche Tipps haben die Kinder Samantha gegeben? Erkläre.
2. Welche Tipps hast du für Samantha? Schreibe sie auf.
3. Arbeitet in der Gruppe.
   - Tauscht eure Nachrichten aus.
   - Gebt einander Tipps. Schreibt über den Rand.

Aha Seite 125

4. Überarbeite deine eigene Nachricht mithilfe der Tipps.
5. Nimm die Nachricht auf.

6. Hört euch die Nachrichten an.
   - Was gefällt dir gut?
   - Was musst du ändern, damit der Zuhörer die Nachricht gut verstehen kann?

– SCH verfassen informierende, beschreibende Texte
– SCH beteiligen sich an Gesprächen: geben anderen Rückmeldung zu deren Vorschlägen

Zusammengesetzte Nomen bilden

Sprache untersuchen

die Abendschachtel, der Sommertee, das Hutmesser, der Eisschirm, das Regenessen, die Brotkanne, das Milchspiel, die Würfeltonne, der Müllurlaub

1. Lies die Wörter. Hier stimmt etwas nicht. Erkläre.
2. Bilde sinnvolle Nomen.
3. Schreibe die Zusammensetzungen mit Artikel auf.
   der Abend + das Essen = das Abendessen
4. Was fällt dir auf? Erkläre.
5. Schreibe weitere zusammengesetzte Nomen auf.

---

das Kleid | der Schuh | **der Schrank** | kühl | die Wand

bohren | waschen | **die Maschine** | spülen | der Kaffee

lesen | die Geschichte | **das Buch** | das Märchen | der Comic

6. Bilde in jeder Reihe mit den dick gedruckten Wörtern zusammengesetzte Nomen: der Kleiderschrank,...
7. Erkläre die zusammengesetzten Nomen.
   Der Kleiderschrank ist ein Schrank für Kleidung.
8. Was fällt dir auf? Erkläre.
9. Ergänze weitere Puzzleteile.
   Schreibe die zusammengesetzten Wörter auf.

AH Seite 25

– SCH verwenden Zusammensetzungen als Mittel der Wortbildung und beschreiben die Gesetzmäßigkeiten, nach denen sich Artikel und Wortart richten
– SCH schreiben Wortzusammensetzungen mit Fugenelement richtig

Bindewörter verwenden

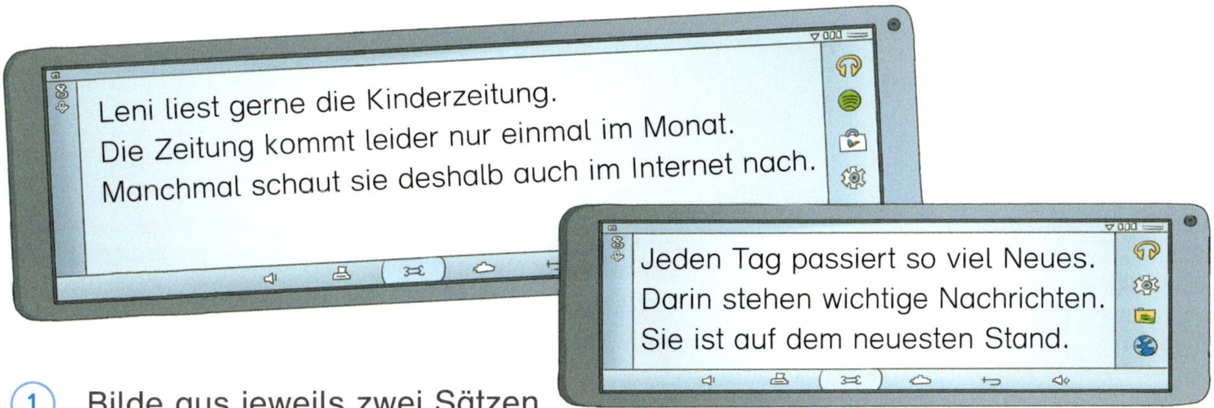

1. Bilde aus jeweils zwei Sätzen der beiden Bildschirme **einen** sinnvollen Satz. Schreibe auf.
2. Vergleiche deine Sätze mit einem Partner.
3. Was hat sich an den Sätzen geändert? Beschreibe.

Aha Seite 111
! Seite 47

Abends darf Sammy die Kindernachrichten ansehen, damit / obwohl er wichtige Neuigkeiten mitbekommt.
Auch seine große Schwester Sina setzt sich oft dazu, obwohl / weil sie lieber ihre Musiksendung anschaut.
Manchmal nimmt sie ihre Sendung aber einfach auf, damit / weil sie ihre Zeit lieber mit der Familie verbringt.

4. Welches Bindewort passt? Schreibe die Sätze auf. Erkläre.

Finja surft gerne im Internet, ___ sie dort Informationen über ihre Lieblingsmannschaft bekommt. Manchmal hilft ihre Mutter ihr, ___ sie sich selbst gar nicht für Fußball interessiert. Trotzdem ist sie dabei, ___ Finja nicht auf falsche Internetseiten stößt. Die Mutter erledigt dann nebenbei ihre eigene Arbeit am Laptop, ___ Finja am Computer sucht.

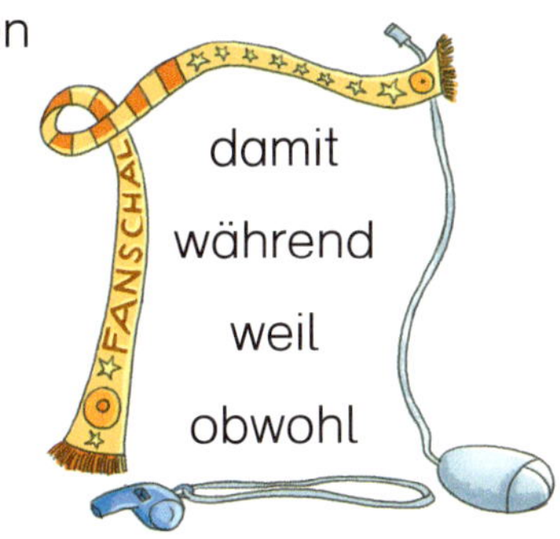

5. Schreibe den Text ab. Ergänze die passenden Bindewörter.

AH Seite 26

W

damit	die Information	interessieren	das Internet	die Nachricht
obwohl	trotzdem	während	weil	die Zeitung

Sätze mit Bindewörtern verbinden

Sprache untersuchen

1. Bilde zu jedem Bilderpaar zwei Sätze.
   Schreibe auf.
   Ich gehe mit meiner Familie wandern. Die Sonne scheint.

weil | obwohl | damit

2. Verbinde die beiden Sätze. Schreibe auf.
   Ich gehe mit meiner Familie wandern, weil die Sonne scheint.

Seite 47

3. Vergleicht eure Sätze.

4. Überarbeite deine Sätze, wenn nötig.

Seppi freut sich auf seinen Geburtstag, [weil / damit] er ein eigenes Handy bekommt. Für den langen Weg zur neuen Schule kann er es gut gebrauchen, [obwohl / weil] seine Eltern den Kauf des Gerätes eigentlich noch zu früh finden. Bisher muss er das Familienhandy benutzen, [obwohl / damit] er auch mal seinen Freunden Nachrichten schreiben kann. Aber er wird das alte Modell auch vermissen, [obwohl / weil] es ihn oft zur Weißglut gebracht hat.

Aha Seite 113

AH Seite 27

5. Schreibe den Text ab.
   Setze die richtigen Bindewörter ein.

6. Achte auf die Satzzeichen.
   Was fällt dir auf?

– SCH verknüpfen Sätze sinnvoll, auch mit geläufigen Bindewörtern
– SCH setzen passende Satzzeichen

Wörter mit Doppelkonsonanten, ck und tz schreiben

1. Sprich die Wörter. Gehe die Silben.
   Achte auf das Ende der ersten Silbe. Beschreibe.

2. Höre auf den Vokal in der ersten Silbe. Ist er lang oder kurz?

3. Ordne die Nomen in einer Tabelle.
   Finde für jede Spalte eine passende Überschrift.

4. Erkläre deine Ordnung.

ck　t　nn　k　tz　n　z

So■e　Hei■ung　So■en　La■en　Lü■e

Hi■e　Fah■e　Va■er　Ta■e　wi■ig　Brü■e

5. Sprich die Wörter in Silben. Ist die erste Silbe offen oder geschlossen?
   Klingt der Vokal in der ersten Silbe lang oder kurz?

6. Schreibe die Wörter auf.

7. Erstellt ein Spiel mit euren eigenen Wörtern.

erschrecken	glücklich	die Pfütze	der Platz	der Schreck
schützen	stellen	das Stück	das Zimmer	zusammen

Richtig schreiben

! Seite 46

AH Seite 28

Aha Seite 111

W

– SCH schreiben gängige Schreibungen routiniert richtig (Konsonantenverdoppelung, Wörter mit ck und tz)

Schlau geübt

Zusammengesetzte Nomen bilden

das Ladegerät   die Zeitungsnachricht
das Radiogerät   die Computertastatur   das Comicbuch
das Hörspiel   das Fernsehgerät
die Internetseite   das Schreibpapier   der Bücherwurm

AH Seite 28

1. Lies die Wörter. Zerlege sie.
   das Ladegerät = laden + das Gerät

2. Bilde aus den einzelnen Wörtern neue zusammengesetzte Nomen. Worauf musst du achten?

Wörter mit Doppelkonsonanten, ck und tz schreiben

m oder mm?
der Sa__en   die Su__e   die Nu__er   die Fre__de

n oder nn?
der Hu__ger   die No__e   die Bie__e   die Ta__e

t oder tt?
der Sa__el   der Bra__en   die Ra__e   der Schli__en

z oder tz?
die Spri__e   die Hei__ung   die Mü__e   die Hi__e

k oder ck?
die Glo__e   die So__e   der Ha__en   der De__el

3. Sprich die Wörter in Silben. Ist die erste Silbe offen oder geschlossen? Klingt der Vokal in der ersten Silbe lang oder kurz?

4. Schreibe die Wörter auf: der Samen

!

Endet die erste Silbe mit einem Konsonanten, nenne ich diese Silbe eine geschlossene Silbe. Der Vokal klingt kurz. Nach einem kurzen Vokal folgen mehrere Konsonanten. Höre ich nur einen Konsonanten, muss ich ihn verdoppeln.
winken, rollen, die Katze

– SCH verwenden Zusammensetzungen als Mittel der Wortbildung
– SCH schreiben gängige Schreibungen routiniert richtig (Konsonantenverdoppelung, Wörter mit ck und tz)

Sätze mit Bindewörtern verbinden

Raphael geht gerne zu seiner Oma. Sie hat immer Zeit für ihn. Sie basteln viel zusammen. Oma sieht eigentlich nicht mehr so gut. Raphael liest die Anleitungen vor. Oma findet ihre Brille oft nicht. Sie spielen aber auch am Tablet. Da kann Oma die Schrift verstellen. Raphael zeigt ihr neue Apps. Dort findet man tolle Bastelideen.

(1) Lies den Text. Verbinde die Sätze mit passenden Bindewörtern.
Raphael geht gern zu seiner Oma, weil …

AH Seite 28

Sätze können miteinander verbunden werden, damit sie kürzer werden. Mit **Bindewörtern** kann ich Zusammenhänge genauer erklären.
Finn geht ins Schwimmbad, weil die Sonne scheint.
Maja geht in die Eisdiele, denn sie liebt Erdbeereis.

Ist das wirklich wahr
Das Internet ist eine tolle Erfindung, weil man hier
auf jede Frage eine Antwort findet am besten verwendet
man Suchmaschinen, damit man möglichst viele Ergebnisse
für die Autoreparaturanleitung oder einen Lösungsvorschlag
zur Rechenaufgabe bekommt
doch wer verfasst diese Seiten das ist der Haken am Internet
jeder von uns kann hier Informationen und Tipps einstellen,
obwohl er vielleicht kein Experte auf dem Gebiet ist
deshalb muss man sich seine Suchergebnisse immer ganz
genau ansehen, weil nur so die wirklich hilfreichen Quellen
herausgefunden werden können

(2) Schreibe den Text ab. Setze die fehlenden Satzzeichen.

die Antwort	einstellen	die Erfindung	der Experte
die Frage	die Quelle	die Suchmaschine	der Tipp

Menschen und Berufe

Sprechen und Zuhören

1. Schau dir die Bilder an. Erzähle zu den Berufen.
2. Sammelt Berufe aus eurem Umfeld.
3. Wählt in Gruppen eine Person aus, die ihr befragen wollt. Informiert euch über ihren Beruf.
4. Schreibe Stichpunkte zu dem Beruf auf.

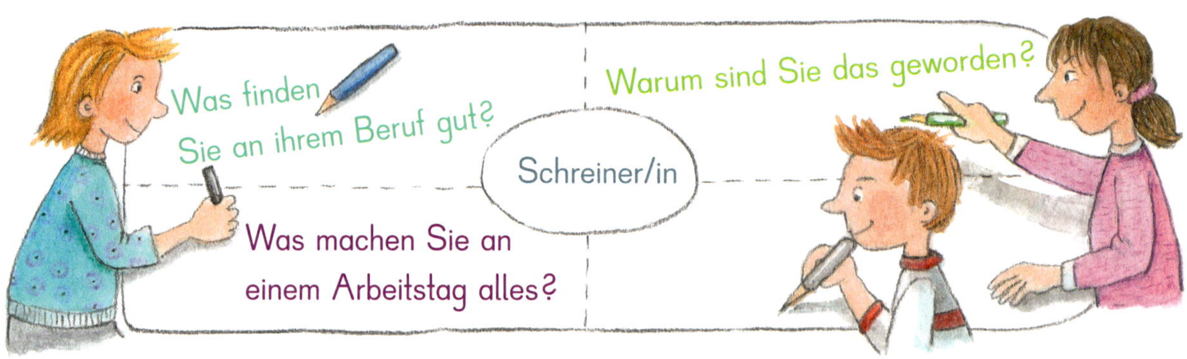

Aha Seite 119

5. Überlege dir Fragen für ein Interview. Arbeitet in der Gruppe. Tauscht euch aus.

– SCH beteiligen sich an Gesprächen: erzählen, berichten, interviewen
– SCH machen Vorschläge zur Lösung gemeinsamer Lernaufgaben

Fragen für ein Interview erarbeiten

Sprechen und Zuhören

1. Lies die beiden Interviews. Vergleiche.
2. Was möchtest du übernehmen? Begründe.
3. Wähle Fragen für dein Interview aus. Das Placemat kann dir helfen. Denke an Begrüßung und Verabschiedung.
4. Spielt euer Interview. Beobachtet die anderen Gruppen.
   - Was war gut?
   - Was muss verbessert werden?
5. Führe dein Interview. Achte auf Mimik und Gestik. Du kannst dein Interview aufnehmen.

6. Berichte in der Klasse.

AH Seite 30

Aha Seite 110

– SCH beschreiben und bewerten Ursachen und Wirkungen von gelingender Verständigung
– SCH beschreiben, wie stimmliche und gestische Gestaltung von Sprache das Verstehen unterstützt

Die eigene Meinung begründen

Interview mit Bernd
- Beruf: Fischer
- fährt zwei Mal täglich auf den See hinaus
- liebt die gute Luft auf dem See
- kennt alle Fische
- fährt gerne Boot
- liebt den See bei schönem Wetter, aber nicht bei Sturm
- verdient Geld mit dem Verkauf der Fische
- hat ein eigenes Fischgeschäft
- fängt immer weniger Fische, weil es zu wenig Nährstoffe im Wasser gibt
- hat Zeit für Frau und Kinder

Interview mit Tanja
- Beruf: Pilotin
- wollte immer schon Pilotin werden
- findet die Technik des Fliegens interessant
- kommt in viele Städte, hat aber wenig Zeit für Besichtigungen
- fliegt sehr gerne
- muss oft mehrere Tage von zu Hause weg
- das Fliegen ist bei schlechtem Wetter sehr anstrengend
- muss oft im Hotel schlafen
- trägt große Verantwortung
- muss eine Uniform tragen

(1) Lies die Notizen zu den Interviews. Tauscht euch aus.

Aha Seite 123

(2) Wählt in der Gruppe ein Interview aus. Ordnet die Notizen.

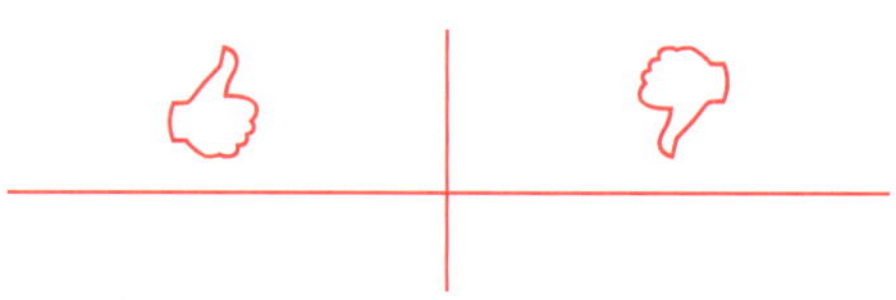

(3) Würdest du den Beruf ergreifen wollen? Schreibe auf. Begründe.

AH Seite 30, 31

(4) Was wäre dein Traumberuf? Sammle Gründe für diesen Beruf.

(5) Stellt euch eure Traumberufe vor.

– SCH nutzen vor dem Schreiben Methoden zur Sammlung und Ordnung von Informationen und Begründungen
– SCH sammeln und ordnen Gründe und Beispiele zu einer Position, die sie vertreten

Einen argumentierenden Text schreiben

Außergewöhnliche Berufe

Dinosaurierabstauber

Schokoladentester

Fischzähler

Wasserrutschentester

Spielplatzarchitekt

1. Lies die Berufe. Tauscht euch aus.
2. Welcher Beruf würde dir gefallen? Welcher nicht? Begründe.

Der Schokoladentester
Wisst ihr, dass es den Beruf des Schokoladentesters gibt? Es werden immer wieder neue Schokoladensorten wie zum Beispiel Zartbitter-Zitrone oder Chili-Nougat erfunden. Bevor eine neue Sorte in großen Mengen hergestellt wird, wird sie von Schokoladentestern verkostet. Sie sagen dann, ob die Schokolade schmeckt oder nicht. Das ist toll, weil man immer neue Schokoladensorten ausprobieren kann. Leider muss ich dann auch Sorten testen, die ich vielleicht gar nicht mag. Aber eigentlich schmeckt mir jede Schokoladensorte. Deswegen ist das ein toller Beruf!

Maren

Grund dafür

Grund dagegen

Einstieg

dein Standpunkt

3. Lies den Text. Was fällt dir auf?
4. Wie ist der Text aufgebaut? Ordne die Wortkarten am Rand zu.
5. Schreibe über deinen Traumberuf. Nenne Gründe, die für den Beruf sprechen. Überlege auch, was dagegen spricht.
6. Lest euch eure Texte gegenseitig vor.
7. Überprüfe den Text eines Partners.
   - Sind wichtige Informationen enthalten?
   - Sind die Gründe für den Zuhörer verständlich?

Aha Seite 123

- SCH nutzen beim Schreiben eigener argumentierender Texte entsprechende Textvorbilder
- SCH geben zentrale und konkrete Anregungen und Hilfestellungen für Texte
- SCH untersuchen Texte und beschreiben, welche sprachlichen Gestaltungsmittel typisch sind

Satzergänzung im 3. Fall erkennen

(1) Sieh dir die Berufe an. Beschreibe.

Seite 56

(2) Schreibe Sätze mit dem Verb **helfen** auf.
Die Bilder können dir helfen.

(3) Vergleicht.

(4) Frage nach der Ergänzung.
Die Tierärztin hilft dem Kaninchen.
Wem hilft die Tierärztin? Dem Kaninchen.

danken begegnen geben folgen
antworten gratulieren befehlen gehören

AH Seite 32

(5) Schreibe Sätze mit den Verben.
Frage nach der Ergänzung und unterstreiche sie.
Der Musiker dankt seinen Fans. Wem dankt der Musiker? Seinen Fans.

– SCH beschreiben die Abhängigkeit der Satzglieder vom Prädikat und bestimmen Satzergänzungen (3. Fall)

Satzergänzung im 4. Fall erkennen

Der Polizist jagt.
Er verfolgt. Der Dieb trägt.
Der Polizist holt ein. Er nimmt fest. Der Polizist legt ihm an.

1. Lies die Sätze. Was fällt dir auf?
2. Ergänze die Sätze. Schreibe sie auf.
3. Vergleicht eure Sätze. Was habt ihr ergänzt?
4. Frage nach der Ergänzung und unterstreiche sie.
   Der Polizist jagt den Einbrecher.
   Wen oder was jagt der Polizist? Den Einbrecher.

Seite 56

AH Seite 33

Der Arzt gratuliert / untersucht das kranke Kind.

Die Hausmeisterin begegnet / grüßt die Schüler.

Die Verkäuferin berät / dankt das Kind.

Der Kellner bedient / hilft die Gäste.

5. Nur ein Verb passt. Frage nach der Ergänzung.
6. Bilde einen passenden Satz mit dem anderen Verb.
   Was verändert sich? Erkläre.
7. Schreibe Sätze mit Verben, die eine Ergänzung im 4. Fall benötigen.

bringen	dem	den	einpacken	erlauben	finden
hören	holen	reparieren	schenken	suchen	verkaufen

– SCH beschreiben die Abhängigkeit der Satzglieder vom Prädikat und bestimmen Satzergänzungen (4. Fall)

Richtig schreiben

Wörter am Zeilenende trennen

1. Bilde Wörter.
2. Ordne die Wörter. Trenne nach Schreibsilben.

mm	...	
kom|men		

3. Wie hast du die Wörter getrennt? Vergleicht.
4. Ergänze die Tabelle mit Wörtern aus der Wörterliste.
5. Wofür ist die Schreibsilbe wichtig? Schreibe auf und vergleicht.

Aha Seite 111

Zuckerbäckerkatzenhocker

Sockenkistenentdecker

Zahnlückenentdeckerwecker

Bäckersockenkisten

Strickjackenverpacker

Brückenpfeilersockenstricker

6. Schreibe die Wörter nach Schreibsilben getrennt auf.
7. Schreibe weitere zusammengesetzte Wörter auf.
   Trenne nach Schreibsilben.

Seite 57

– SCH trennen Wörter nach Schreibsilben, auch am Silbengelenk

Wörter mit Dehnungs-h schreiben

Richtig schreiben

① Ein Wort passt nicht. Begründe.
Die Wörterliste kann dir helfen.

② Ordne die Wörter. Unterstreiche die besondere Stelle.

ah	oh	eh	uh
Sahne			

Seite 86

③ Ergänze die Tabelle mit Wörtern aus der Wörterliste.

Aha Seite 116

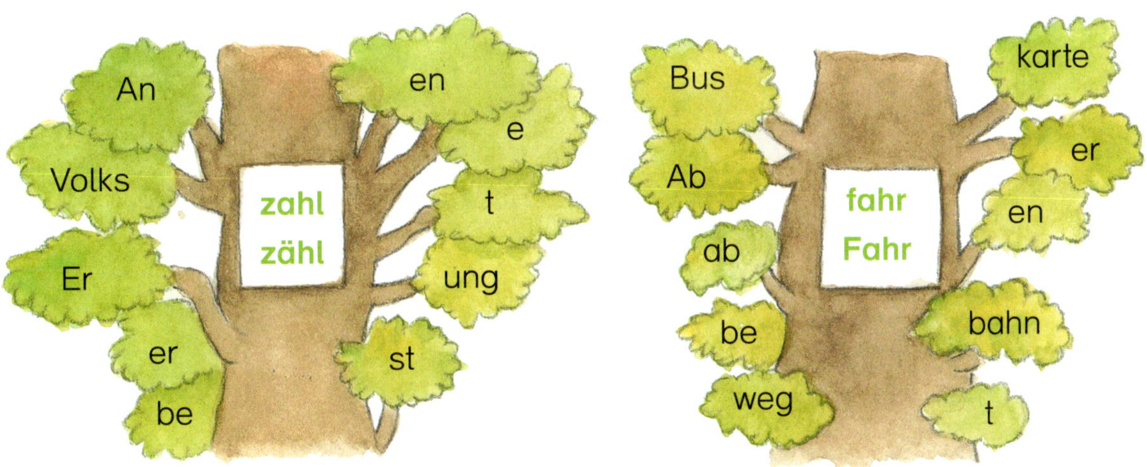

④ Bilde Wörter zu den Wortstämmen.
Unterstreiche die besondere Stelle.

AH Seite 34

⑤ Suche Wörter zum Wortstamm WAHR.
Wähle unterschiedliche Wortarten.

W

die Bohne	dreizehn	erzählen
fahren	die Sahne	der Stuhl
wohnen	der Zahn	zehn

– SCH schreiben häufig gebrauchte Wörter mit nicht-regelhaften Rechtschreibbesonderheiten richtig (Wörter mit Dehnungs-h)

Schlau geübt

Satzergänzung im 3. Fall erkennen

Die Bürgermeisterin gratuliert ___. Der Pfleger hilft ___.
Die Richterin glaubt ___. Der Sportler antwortet ___.
Die Bundeskanzlerin begegnet ___. Der Verkäufer dankt ___.

1. Ergänze die Sätze. Schreibe sie auf.
2. Stelle die Frage nach der Ergänzung.
3. Unterstreiche in jedem Satz die Ergänzung im 3. Fall.

! Manche Verben brauchen eine **Ergänzung**. Das Satzglied, das auf die Frage **Wem?** antwortet, heißt **Satzergänzung im 3. Fall**.
Ich helfe dem Kind.

Satzergänzung im 4. Fall erkennen

Letzte Woche durfte ich einen Bäckermeister besuchen.
Er zeigte mir seine Backstube. Dort beginnt er seinen Arbeitstag schon um drei Uhr nachts! Zuerst rührt er den Teig an. Anschließend formt er daraus Semmeln und Brezen. Nun schiebt er die ersten Bleche in den großen Backofen. Erst dann backt er die süßen Teilchen.
Ich durfte sogar seine Spezialität probieren!

AH Seite 35

4. Schreibe den Text ab.
5. Stelle die Frage nach der Ergänzung.
6. Unterstreiche in jedem Satz die Ergänzung im 4. Fall.
7. Lies den Text ohne die Ergänzungen. Was fällt dir auf? Erkläre.

! Manche Verben brauchen eine **Ergänzung**.
Das Satzglied, das auf die Frage **Wen oder Was?** antwortet, heißt **Satzergänzung im 4. Fall**.
Ich sehe den Mann. Ich sehe das Buch.

– SCH beschreiben die Abhängigkeit der Satzglieder vom Prädikat und bestimmen Satzergänzungen (3. und 4. Fall)

Wörter mit Dehnungs-h schreiben

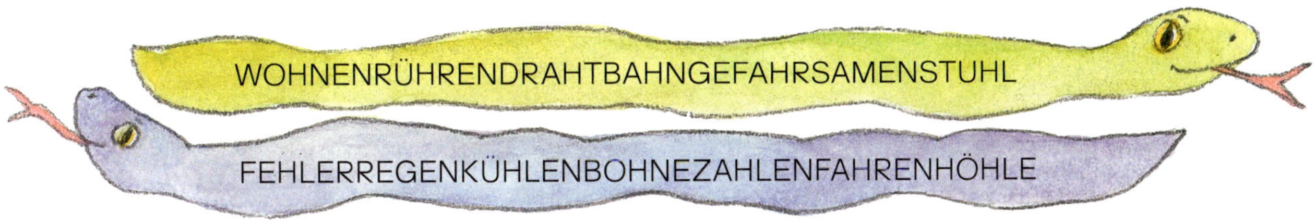

AH Seite 35

1. In jeder Wörterschlange passt ein Wort nicht. Schreibe auf. Erkläre.
2. Wie kannst du die Wörter ordnen? Begründe.
3. Schreibe die Wörter geordnet auf.
4. Sortiere die Wörter nach dem Alphabet. Schreibe sie auf.

Supertalente

Es gibt verschiedene Berufe und das ist gut so!
Denn jeder Mensch verfügt über ein besonderes Talent,
mit dem er der Gesellschaft helfen kann. Arbeitet jemand gern
mit giftigen Flüssigkeiten, so wird er vielleicht Fleckenentferner.
Menschen, die flink sind und gute Augen haben, können
zum Beispiel gut als Mückenfänger eingesetzt werden.
Und wenn jemand gerne Süßigkeiten isst und neue Sachen
ausprobiert? Dann wird er später vielleicht Zuckerdoseneinfüller
oder Schokoladenabschmecker. Doch egal, ob Schreckgespenst,
Jackenzumacher oder Schneckenscheucher: Es ist wichtig, seine
Stärken zu kennen und zu nutzen.
Denn schließlich steckt doch in jedem von uns ein Supertalent!

Aha Seite 113

5. Schreibe den Text ab. Trenne, wenn nötig, am Zeilenende.
6. Finde alle Nomen im Text, die mindestens drei Silben haben.
   Trenne die Wörter nach Schreibsilben.

der Beruf	besonders	die Gesellschaft
der Mensch	die Stärke	das Talent

– SCH schreiben häufig gebrauchte Wörter mit nicht-regelhaften Rechtschreibbesonderheiten richtig
– SCH trennen Wörter nach Schreibsilben, auch am Silbengelenk
– SCH üben Rechtschreibung am Grundwortschatz

Sprechen und Zuhören

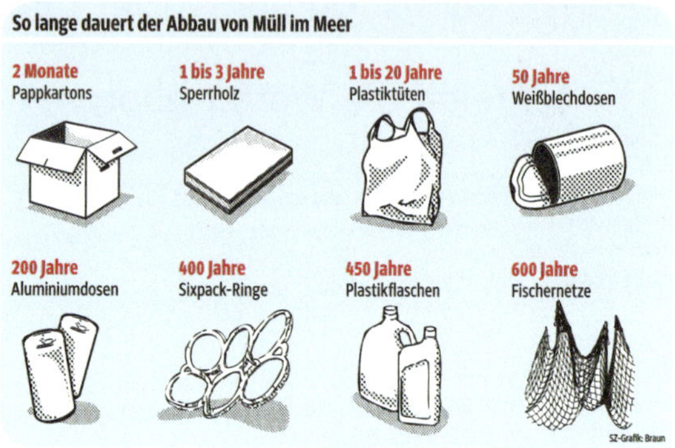

Aha Seite 108

1. Schau dir die Bilder an. Erzähle.
2. Welches Thema interessiert dich? Berichte.
3. Sammle Informationen zu deinem Thema.
4. Berichte einem Partner.
5. Höre deinem Partner gut zu. Gib ihm Rückmeldung.
   - Was war gut?
   - Was hast du nicht verstanden?
   - Waren wichtige Informationen enthalten?

– SCH beteiligen sich an Gesprächen: erzählen, berichten
– SCH halten sich an gemeinsam erstellte Gesprächsregeln, zeigen rücksichtsvolles Gesprächsverhalten

Eine Grafik lesen und verstehen

Wie gelangt der Müll ins Meer?

Sprechen und Zuhören

1. Schau dir die Grafik an. Erzähle.
2. Welche Wörter sind dir unbekannt? Erklärt euch die Begriffe.
3. Wodurch wird das Meer verschmutzt? Nenne Beispiele. Tauscht euch aus.
4. Wie bist du vorgegangen, um die Informationen in der Grafik zu finden? Erkläre.
5. Was können wir tun, um die Meere sauberer zu halten?

Aha Seite 111

– SCH beteiligen sich an Gesprächen: erzählen, berichten, beschreiben eigene Lernergebnisse

Einen informierenden Text erschließen

Immer mehr Plastikmüll im Meer

Alle Kontinente der Erde sind von großen Ozeanen umgeben. Leider liegt in den Meeren **immer mehr Müll**. Riesige **Plastikinseln** treiben an der Wasseroberfläche. Im Pazifik schwimmt besonders viel Müll. Dort ist die **Fläche** mit dem Müll **viermal größer als Deutschland**.

Riesige Plastikinseln treiben im Meer

Wie konnte es dazu kommen? **2000 winzige Plastikteilchen** (Kunststofffasern) gelangen beim **Waschen** von einem **Fleecepulli** ins Abwasser. Winzige Plastikkügelchen in **Zahnpasta** und **Haarshampoo** schwimmen im Meer.
Sie sind zu klein, um in der Kläranlage herausgeholt zu werden.

Aber es gibt Hoffnung auf Besserung. 2014 hat der Niederländer **Boyan Slat** eine **Konstruktion** erfunden, die **Plastik** in den Meeren **sammeln kann**. Dafür werden Barrieren und Auffangvorrichtungen mehrere Kilometer tief in den Ozean hinabgelassen. Weder Plankton, Meerespflanzen noch Fische werden durch diese Geräte beschädigt oder gefährdet. Der gesammelte **Plastikmüll** kann **entsorgt** werden. Die Idee von Boyan Slat braucht noch viele Unterstützer weltweit. Das Ziel muss heißen:
Müllfreie Meere auf der ganzen Erde.

Plastiksammelgerät von Boyan Slat

Aha Seite 120

1. Überfliege die Seite. Wovon handelt der Text? Schreibe deine Vermutungen auf.
2. Vergleiche deine Notizen mit einem Partner. Erkläre ihm, wie du zu deinen Vermutungen gekommen bist.
4. Lies den Text genau. Berichte. Überprüfe deine Vermutungen.
5. Finde Informationen in Büchern oder im Internet zu deinem eigenen Thema. Finde auch passende Bilder.

AH Seite 36

- SCH nutzen vor dem Schreiben Methoden zur Sammlung und Ordnung von Informationen
- SCH nutzen Schreiben zum Erschließen von Texten (Zusammenfassung von Informationen)

Mit einem Wissenscluster ein Referat halten

1. Schau dir das Wissenscluster an. Erzähle.
2. Stell dir vor, du willst zu diesem Thema ein Referat halten.
   - Welche Notizen helfen dir?
   - Was würdest du ändern? Begründe.
3. Erstelle ein eigenes Wissenscluster zu deinem Thema.
4. Stellt euch eure Wissenscluster gegenseitig vor.
   - Was konntest du dir gut merken?
   - Was willst du übernehmen?

Aha Seite 111

5. Überarbeite dein Wissenscluster, wenn nötig.
6. Halte dein Referat.
   Lass dir von deinen Zuhörern Rückmeldung geben.

Aha Seite 110

7. Wie bist du mit deinem Wissenscluster zurechtgekommen?
   Was möchtest du beim nächsten Mal anders machen?

– SCH nutzen Methoden zur Sammlung und Ordnung von Informationen
– SCH bewerten eigene Lernergebnisse im Vergleich mit denen anderer und ziehen Schlüsse für ihr eigenes Lernen
– SCH bereiten sich je nach Sprechabsicht gezielt vor, indem sie sich Notizen machen

Zeit- und Ortsangaben erkennen

Ach, du liebe Zeit

Nach dem Zähneputzen putze ich die Zähne.
Zweimal im Jahr drehe ich die Zahnpastatube auf.
Am Ende fülle ich Wasser in den Becher ein.
Ich spare zuerst Wasser und drehe den Wasserhahn wieder zu.
Ich putze meine Zähne während des Putzens.
Den Mund wische ich drei Minuten lang ab.
Morgens und abends reinige ich die Zahnbürste.
Und anschließend gehe ich zum Zahnarzt.

1. Lies den Text.
   Hier stimmt etwas nicht. Erkläre.

! Seite 66

2. Was musst du ändern, damit der Text sinnvoll wird?
   Schreibe den Text auf.
   Morgens und abends putze ich ....
3. Vergleicht.
4. Unterstreiche die Zeitangaben in deinen Sätzen.

! Seite 129

5. Unterstreiche die Prädikate. Was fällt dir auf?
6. Schreibe alle Verben in der Grundform auf.

Delfine	am Südpol	schwimmen
Schwäne	im Ozean	leben
Wale	am Teich	tauchen
Pinguine	im Fluss	brüten
Libellen	im Meer	fliegen

7. Bilde Sätze. Schreibe sie auf.

8. Vergleicht eure Sätze.

! Seite 66

9. Unterstreiche die Ortsangabe in deinen Sätzen.

AH Seite 37, 38

10. Schreibe eigene Sätze zu Tieren oder Pflanzen, die am oder im Wasser leben.

– SCH bestimmen das Subjekt, das Prädikat sowie Orts- und Zeitangaben
– SCH bestimmen das Prädikat (auch mehrteilig)

Pronomen verwenden

Sprache untersuchen

Sie schwimmt zur Eiablage immer zu dem Strand, an dem sie selbst geschlüpft ist. Sie trifft sich dort mit anderen Weibchen. Dort legen sie in eine tiefe Mulde rund 100 tischtennisballgroße Eier. Innerhalb weniger Tage werden sie gelegt, damit sie später gleichzeitig schlüpfen.
Sie werden auf dem kurzen Weg vom Strand zum Wasser sehr oft von Möwen und Raben gefressen. Sie haben aber auch Feinde im Wasser. Sie fressen sie besonders gern.

1. Lies den Text.
2. Hier stimmt etwas nicht. Erkläre.
3. Ändere den Text, damit er besser verständlich ist. Tauscht euch aus.
4. Schreibe den Text verbessert auf. Vergleicht.
5. Wie bist du vorgegangen? Erkläre.

Das größte Tier der Welt

Die Blauwale gehören zu den Säugetieren. ▢ werden bis zu 35 Meter lang. Die Fettschicht des Wales ist bis zu 40 Zentimeter dick. ▢ schützt ▢ vor Kälte. Blauwale fressen vor allem Krill. Diese kleinen Krebse schmecken ▢ besonders gut. ▢ sind nur so lang wie ein Streichholz. Der Magen eines Blauwals fasst 2000 Liter Wasser. In ▢ ist Platz für fünf Millionen Krebse. Ein Blauwal wiegt 150 Tonnen. Sein Gewicht würde ▢ erdrücken, wenn ▢ an Land leben müsste.

sie ihn sie
ihm er
ihnen ihn sie

6. Lies den Text. Ergänze die Lücken.
7. Schreibe den Text vollständig auf.
8. Vergleiche den Text mit einem Partner.
9. Markiere alle Pronomen.

Aha Seite 113

W

dein euer ihm ihn ihnen
ihr ihrem ihren sein seinem

– SCH bestimmen die Merkmale von Pronomen, indem sie sie variieren, und wenden sie in eigenen Texten richtig an
– SCH nutzen den Satzzusammenhang, um flektierbare Wörter richtig zu schreiben

Richtig schreiben

Wörter mit Rechtschreibbesonderheit schreiben

1. Sprich die Wörter.
2. Was haben die Wörter gemeinsam? Tauscht euch aus.
3. Die Wörter haben eine besondere Stelle. Erkläre.

Seite 86

4. Ordne die Wörter. Unterstreiche die besondere Stelle.

-oo	-ee	-aa
das Boot		

5. Suche weitere Wörter mit dieser besonderen Stelle. Das Internet hilft dir. Ergänze die Tabelle.

---

sollte man kämmen

ein technisches Gerät

ein Fisch mit Streifen

ein Telefon zum Mitnehmen

besteht aus Wasser

eine italienische Spezialität

der Schnee
die Pizza
das Handy
die Haare
der Tigerhai
der Computer

6. Löse die Rätsel. Schreibe sie mit der richtigen Lösung auf.
7. Bilde mit den Lösungswörtern zusammengesetzte Nomen. Unterstreiche die besondere Stelle.
   der Tigerhai: die Tigerhaiflosse, ...
8. Schreibe Sätze mit den Wörtern.

AH Seite 39

– SCH schreiben häufig gebrauchte Wörter mit nicht regelhaften Rechtschreibbesonderheiten richtig (Wörter mit Doppelvokal, Fremdwörter)

Wörter mit ß schreiben

Hose schießen sausen Straße
außer grüßen Besen fleißig lesen
Hase Rose Soße Wiese große

1. Sprich die Wörter deutlich.
2. Was fällt dir auf? Achte auf das s.
3. Ordne die Wörter. Schreibe sie mit Silbenbögen auf.

stimmhaftes s	stimmloses s
Ho se	schie ßen
sau sen	

4. Lest euch die Wörter vor. Was fällt bei den Wörtern mit **ß** auf? Beschreibt den Beginn der zweiten Silbe. Achtet auf das s.

Seite 66

Fuß Glas Los Spaß Gras süß Floß

5. Verlängere die Wörter. Schreibe auf.

Glas – Glä ser	Fuß – Fü ße

AH Seite 40

6. Sprich die Wörter. Höre auf das s. Was fällt dir auf?
7. Woran erkennst du, ob die Wörter mit **s** oder **ß** geschrieben werden?

essen vergessen heißen lassen

8. Schreibe die Verben mit den Pronomen **ich**, **er** und **wir** in der ersten Vergangenheit auf. Was fällt dir auf?

W

außer essen heißen lassen die Straße

– SCH schreiben Wörter mit regelhaften Rechtschreibbesonderheiten richtig (Wörter mit ß)

Schlau geübt

Zeit- und Ortsangaben erkennen

Der höchste Wasserfall der Welt
Sauberes Trinkwasser
Jeder Mensch
Unser Körper

liegt mit 978 Meter im Süden Venezuelas.
verbraucht pro Tag ungefähr 129 Liter Wasser.
gilt seit einigen Jahren weltweit als Menschenrecht.
kommt nicht länger als drei Tage ohne Wasser aus.

1. Lies die Satzteile und bilde sinnvolle Sätze. Schreibe sie auf.
2. Frage nach der Orts- und Zeitangabe.
   Unterstreiche die Satzglieder in jeweils unterschiedlichen Farben.

! Sätze lassen sich mithilfe von Zeit- und Ortsangaben erweitern.
Sie werden dadurch genauer.
Der Wecker klingelt.
Der Wecker klingelt morgens in Mias Zimmer.

Wörter mit ß schreiben

flie _ en   der Be _ en   der Ha _ e   bei _ en   hei _ en
drau _ en   le _ en   flei _ ig   gie _ en   rie _ ig

3. Sprich die Wörter deutlich. Wie hörst du das s?
   Setze die fehlenden Konsonanten ein.

sü _   der Fu _   das Lo _   wei _   der Krei _   das Gla _

AH Seite 41

4. Ergänze die verlängerte Form der Wörter.
   Schreibe sie auf: *die süße Schokolade – süß …*

! Nach einer offenen Silbe
wird der stimmlose s -Laut als **ß** verschriftet.

– SCH bestimmen das Subjekt, das Prädikat sowie Orts- und Zeitangaben
– SCH schreiben Wörter mit regelhaften Rechtschreibbesonderheiten richtig (Wörter mit ß)

Wörter mit Rechtschreibbesonderheit schreiben

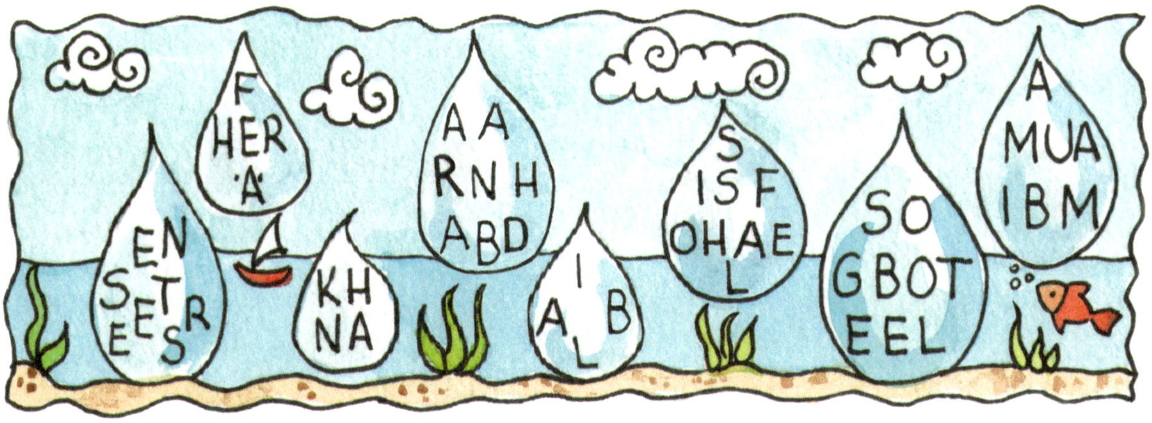

① Setze die Buchstaben zu sinnvollen Wörtern zusammen.

② Ordne die Wörter. Unterstreiche die besondere Stelle.

Wörter mit Doppelvokal	?	?
der Seestern		

③ Ergänze weitere Beispiele.

AH Seite 41

Der Wasserkreislauf

Ein Wassertropfen legt einen langen Weg zurück. ▢ gelangt in eine Quelle, die ▢ weiter in einem Bach zum See trägt. Die Sonnenstrahlen erwärmen das Wasser. So verdunstet ▢ und wird zu Wasserdampf. Der Wasserdampf steigt auf, kühlt ab und wird wieder zu flüssigem Wasser, in Form von kleinen Wassertröpfchen. Der Wassertropfen verbindet sich mit vielen Wassertropfen und bildet eine Wolke. Wenn die Wolke zu schwer wird, schickt ▢ der Regen zurück auf die Erde. Wenn ▢ auf weichen Boden fällt, versickert ▢. So gelingt es ▢, in das Grundwasser zu gelangen. Vielleicht hat ▢ Glück und seine nächste Reise bringt ▢ bis ins Meer.

④ Schreibe den Text ab. Ergänze die fehlenden Pronomen.

W			
der Boden	der Kreislauf	die Sonne	der Tropfen
verdunsten	versickern	vielleicht	die Wolke

Sprechen und Zuhören

Aha Seite 108

1. Lies die Zukunftswünsche der Kinder.
   Tauscht euch aus.

2. Ergänze deine eigenen Wünsche und Zukunftsideen.

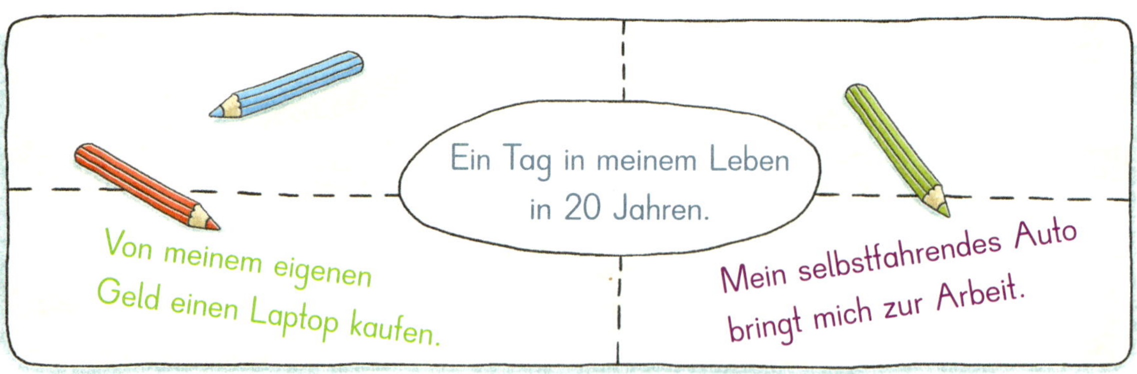

Aha Seite 119

3. Schreibt in der Gruppe ein Placemat zum Thema:
   Ein Tag in meinem Leben in 20 Jahren.

4. Stellt euch eure Placemats gegenseitig vor.

– SCH halten sich an gemeinsam erstellte Gesprächsregeln
– SCH beteiligen sich an Gesprächen: erzählen, informieren, begründen

Zu einer Grafik schreiben

In einer großen Umfrage haben Experten 2500 Jugendliche gefragt, was ihnen in der Zukunft wichtig ist und was sie sich für Ihre Zukunft wünschen.

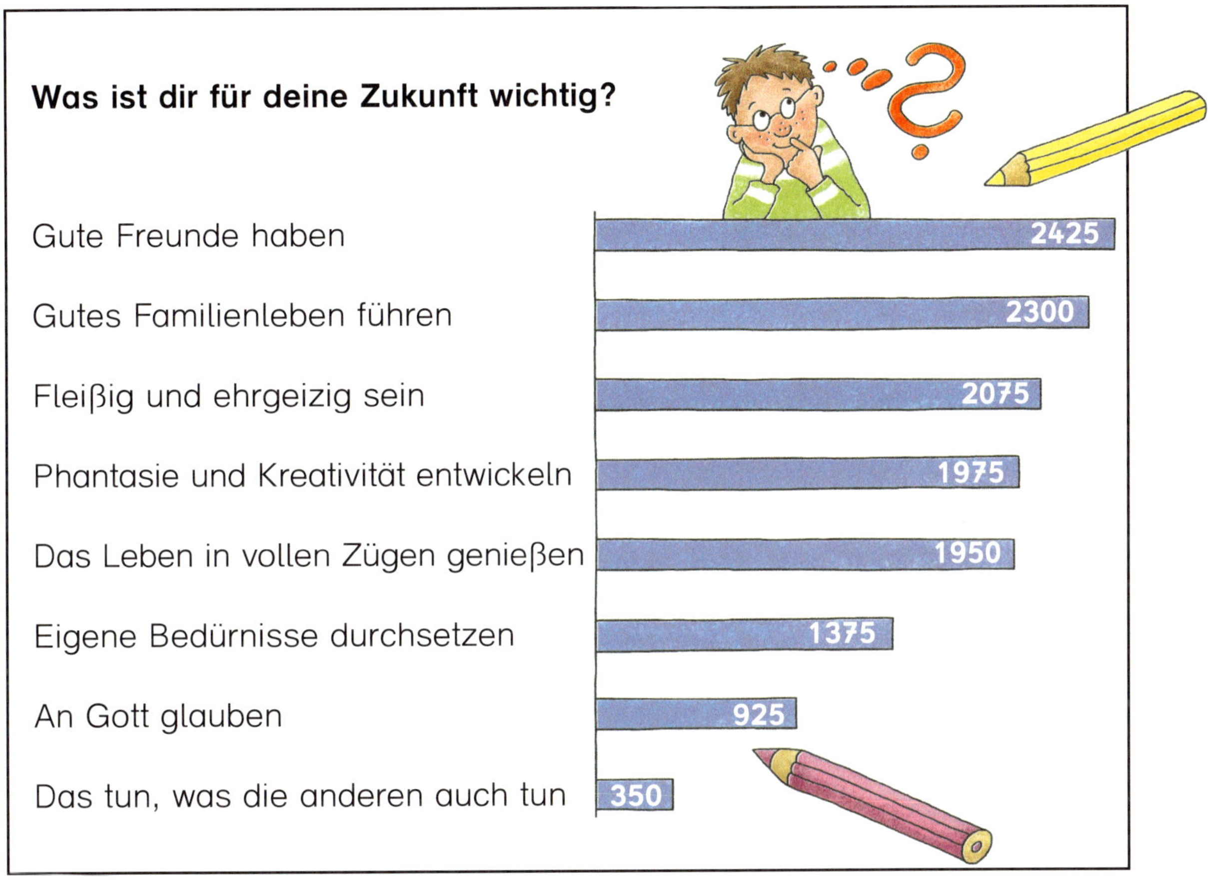

1. Lies die Überschrift der Grafik.
   Was ist **dir** wichtig? Schreibe auf.
2. Lies die Grafik. Vergleiche mit deinen eigenen Notizen.
   - Welche Vorstellungen sind gleich?
   - Welche sind anders?
   - Was hat dich überrascht?
3. Ordne deine Ideen.
4. Tauscht euch in der Gruppe über eure Zukunftsvorstellungen aus.
5. Legt eine eigene Grafik für eure Klasse an.
6. Schreibe einen Text: **Ein Tag in meinem Leben in 20 Jahren**.
   Nutze Ideen aus eurer Grafik und aus dem Placemat.

Aha Seite 118

AH Seite 42

– SCH nutzen vor dem Schreiben Methoden zur Sammlung und Ordnung von Wortmaterial, Informationen, Begründungen und Schreibideen

Einen Text überarbeiten

Computer
Ich bin reich, superreich. Ich habe eine riesige Firma. Ich habe eine tolle Erfindung gemacht. Ich habe mir überlegt, wie man mit Hilfe der Computerwellen Gegenstände materialisieren kann. Ich kann Pakete von Wien nach München in wenigen Sekunden versenden. Ich bin mit Computerforschern auf der ganzen Welt unterwegs. Ich brauche einen Extradrucker. Ich erfinde ständig neues Zeug. Ich kann alles kaufen, was ich will. Auch wie man Essen materialisieren kann.

Meine Zukunft
In zwanzig Jahren werden wir gemeinsam die Kinder wecken. Wir werden dafür sorgen, dass sie zur Schule gehen und wir gehen zur Arbeit. Immer ist einer da. Es gibt Spaghetti bolognese und Salat.
Die Hausaufgaben mache ich. Wir verbringen den Nachmittag miteinander. Wir spielen etwas. Abends sind wir da. Wir bringen sie ins Bett. Ich werde mich mit meiner Frau unterhalten. Und ich werde sehr glücklich sein in unserem Leben.

1. Lies die Texte. Sprecht darüber.
2. Welchen Text möchtest du lieber überarbeiten? Begründe.

Das hat mir besonders gut gefallen	Das würde ich ändern
Die vielen Fachbegriffe.	Du schreibst dauernd **ich**.
Das hat mich bewegt	**Das habe ich nicht verstanden**
Ich möchte mir auch alles kaufen können.	

3. Zu welchem Text gehören die Anmerkungen? Begründe.
4. Ergänzt den Konferenzzettel oder legt einen eigenen an.
5. Überarbeitet eure eigenen Texte in der Schreibkonferenz.
6. Gestaltet eine Ausstellung mit euren Texten.

– SCH bauen ihre eigenen erzählenden Texte sinnvoll auf und stellen ein erzählenswertes Ereignis ins Zentrum
– SCH nehmen zentrale Anregungen für die Überarbeitung auf und setzen sich dazu jeweils ein konkretes Überarbeitungsziel

Über einen Text nachdenken

Einen Text planen

Anregungen aufgreifen	Mir fällt es schwer, mich auf neue Ideen einzulassen.
Schreibidee finden	Bilder helfen mir
Ideen von anderen	...

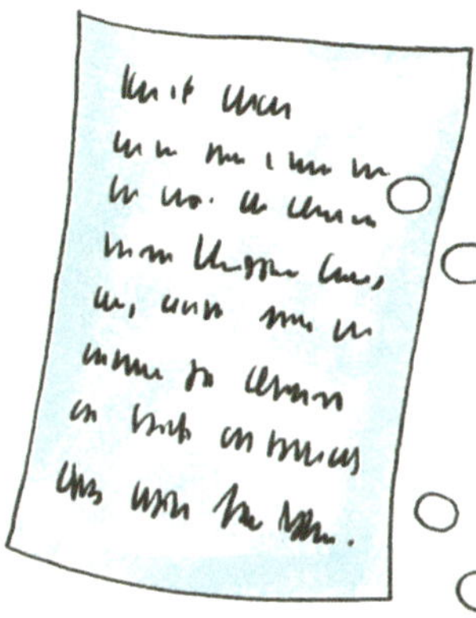

Einen Text schreiben

Schreiben:	Ich schreibe gern, nur manchmal sind meine Gedanken schneller als mein Stift.
Verständlichkeit:	Naja, manchmal zu durcheinander

Einen Text überarbeiten

Tipps von anderen:	Ich höre nicht gern zu, wenn mir jemand was Blödes sagt.
Ziel der Überarbeitung:	Ich kriege es nie so hin, wie ich es will.

1. Lies die Zusammenstellung. Tauscht euch aus.
2. Was fällt dir beim Schreiben von Texten leicht? Was fällt dir schwer? Erkläre.
3. Schau dir deinen überarbeiteten Text an. Lege eine eigene Zusammenstellung an. Ergänze fehlende Punkte.
4. Überlege:
   - Was hast du gelernt?
   - Was ist dir schwer gefallen?
5. Was möchtest du für den nächsten Text beibehalten? Was möchtest du ändern? Schreibe auf.

– SCH bewerten, auch im Austausch mit anderen, ihren eigenen Lernstand und besprechen ihn mit anderen
– SCH beschreiben Lernerfahrungen und Lernfortschritte
– SCH wählen Lernmethoden und Materialien für das weitere Lernen aus

Verben in der Zukunft verwenden

Morgen gehe ich ins Schwimmbad.
Wir werden faulenzen.
Später will Merle Rad fahren.
Es wird hoffentlich nicht wieder regnen.
Wir werden einen Ausflug machen.
In den nächsten Ferien gehe ich spät ins Bett.
In zehn Jahren möchte ich im Lotto gewinnen.

1. Lies die Sätze. Ordne sie.
2. Vergleicht eure Ordnung.
3. Alle Sätze haben etwas gemeinsam. Erkläre.
4. Woran erkennst du, dass etwas in der Zukunft geschieht?
5. Suche Verben in der Wörterliste.
   Bilde mit allen Pronomen die Gegenwarts- und die Zukunftsform mit dem Hilfsverb **werden**.
   ich wachse – ich werde wachsen …
6. Bilde eigene Sätze in der Zukunft.

Seite 76

AH Seite 43

Sobald …	erledigen	Hausaufgaben
Wenn ich …, dann …	treffen	Schule
Am Wochenende …	spielen	Schwester
Ich werde …	fahren	Freunde
Später …	erleben	Inline-Skates
Wenn ich groß bin, …	reisen	Freibad

7. Lies die Wörterkästen. Was könnte passieren?
8. Schreibe deinen Text auf.

– SCH verwenden Verben in den verschiedenen Zeitformen in angemessener Weise (Futur)

Veränderungen des Falls beschreiben

Sprache untersuchen

Die Schule (das Kind) liegt am Stadtrand.
Die Busse bringen (die Schüler) von vielen Orten dorthin.
Die Schulbuslotsen sichern (der Weg / gefährlich).
Die Lehrerin liest (ein Kind) eine Geschichte vor.
Im Sekretariat nimmt (die Sekretärin)
die Anrufe (die Eltern) an.
In der Pause verkauft der freundliche Hausmeister
(Gemüseschnitten / frisch).
Eine Frau führt (ein Hund / dick) spazieren.

1. Lies die Sätze.
2. Schreibe sie vollständig auf.
3. Schreibe zu jeder Lupe Frage und Antwort auf.
   Wessen Schule liegt am Stadtrand?
   Die Schule der Kinder …
4. Bestimme den Fall.
   Die Schule der Kinder … → 2. Fall

Seite 36

AH Seite 44

die große Schule	der großen Schule	der großen Schule	die große Schule
1. Fall	2. Fall	3. Fall	4. Fall
die großen Schulen	der großen Schulen	den großen Schulen	die großen Schulen

5. Schau dir die Karten an. Immer vier Karten gehören zusammen. Erkläre das Spiel einem Partner.
6. Schreibt weitere Nomen auf. Spielt das Spiel.

W

was wem wen wer wessen

– SCH beschreiben die Veränderungen des Falls bei Artikeln, Nomen und Adjektiven, die mit der Verwendung im Satz zusammenhängen

Richtig schreiben

Wörter verlängern

Wenn du regelmäßi■ Sport treibst, wirst du fi■. Nach dem Sportunterrich■ bin ich meist dursti■. Manchmal mache ich mich zu Fuß auf den We■ zur Schule. Dabei tue ich auch etwas für meine Gesundhei■. Und auch nicht so fetthalti■ essen ist besser, als ständi■ fetti■e Pommes in sich hineinzustopfen, sa■t Opa. Wenn du auch noch ausreichen■ Obst und Gemüse isst, le■st du sehr gesun■. Aber manchmal schmecken die Chips am Aben■ trotzdem richti■ gu■.

1. Lies den Text. Schreibe ihn vollständig auf.
2. Vergleicht eure Texte.
3. Erkläre einem Partner, wie du vorgehen musst, um die richtige Schreibung am Wortende herauszufinden.

Aha Seite 111

Wörter mit Ä/ä und Äu/äu ableiten

In manchen N[ä/e]chten liegt Semi schlaflos im Bett. Er tr[äu/eu]mt von gef[ä/e]hrlichen M[äu/eu]sen und [Äu/Eu]len, die große B[äu/eu]me niederreißen. Sie st[ä/e]llen riesige N[ä/e]tze auf und reden mit m[ä/e]rkwürdigen L[äu/eu]ten. Plötzlich wacht er auf. Er l[äu/eu]ft zu seiner Mama und erkl[ä/e]rt ihr alles. Sie tröstet ihn und sagt: „Mein L[ä/e]mmchen, sei doch nicht so [ä/e]ngstlich."

4. Lies den Text. Schreibe ihn vollständig auf.
5. Vergleicht eure Texte.
6. Erkläre einem Partner, wie du vorgehen musst, um die richtige Schreibung herauszufinden.
7. Suche weitere Wörter mit **ä** und **äu**. Ergänze das verwandte Wort und unterstreiche den Wortstamm.
   die Äpfel – der Apfel

AH Seite 45

Aha Seite 114

– SCH schreiben gängige Schreibungen routiniert richtig (Auslaut- und Inlautverhärtung, Ableitung mit ä und äu)

Endbausteine bei Wörtern verwenden

Ein tolles Spiel

Das letzte Spiel unserer Schule hatte die ⚽ (Mann) haushoch gewonnen. Das ⚽ (erleben) war kaum zu beschreiben. Beim Angriff stellt sich kein Spieler als ⚽ (hindern) in den Weg. Leichtfüßig rannten wir um die schwache ⚽ (verteidigen) herum. Für die gegnerische ⚽ (Mann) kam jede ⚽ (retten) zu spät. Auch wenn bei den Verlierern bei einer so hohen Niederlage die ⚽ (Freund) fast aufhört, hatten die Teams ⚽ (achten) voreinander. Bei der Sieger ⚽ (Ehre) gaben sie einander die Hand.
Aber die ⚽ (wahr) ist: Gewinnen und Verlieren gehört beim Sport immer zusammen. Und in ⚽ (wirklich) will natürlich jede ⚽ (Mann) nur das Eine: die ⚽ (Meister).

1. Lies den Text.
   Hier stimmt etwas nicht. Erkläre.
2. Schreibe den Text vollständig auf.
3. Vergleicht eure Texte.
4. Ordne die Wörter. Was fällt dir auf? Erkläre.
5. Ergänze weitere Wörter mit den Endbausteinen **-schaft**, **-nis**, **-ung**, **-heit** und **-keit**:

-schaft	-nis	-ung	-heit	-keit
die Landschaft	...	...		

6. Achte auf den Artikel. Was fällt dir auf?
7. Bilde weitere Wörter zu den Wortfamilien.
   geheim: das Geheimnis, heimlich, verheimlichen, ...

Seite 77

AH Seite 46

W

erleben	das **Erlebnis**	gesund	die **Gesundheit**
der **Mann**	die **Mannschaft**	retten	die **Rettung**
wahr	die **Wahrheit**	wirklich	die **Wirklichkeit**

Verben in der Zukunft verwenden

1. Was stellt sich Elias für seine Zukunft vor?
   Bilde Sätze: Ich werde später eine Familie gründen.

2. Unterstreiche die Wörter, die dir sagen, dass alles erst in der Zukunft geschieht.

In zwanzig Jahren läufst du einen Marathon.

AH Seite 47

3. Auch dieser Satz beschreibt die Zukunft. Erkläre.

4. Sammle weitere Zeitangaben, die die Zukunft ausdrücken.

!

Verben sagen, wann etwas geschieht.
Wenn etwas erst noch passiert, nennt man es **Zukunft**.
rufen, ich werde rufen

Veränderungen des Falls beschreiben

Jonas möchte Mechatroniker werden. Er arbeitet gerne mit den Händen und repariert auch oft die kaputten Sachen der Großeltern.
Letztes Wochenende hat er dem neuen Nachbarn geholfen, den Motor des Rasenmähers zu zerlegen. Die Hände sind immer noch dreckig.
Da hilft auch die geheime Spezialseife von Mama nicht.

5. Stelle die Frage nach den unterstrichenen Nomen und Adjektiven.
   Schreibe Frage und Antwort auf. Bestimme den Fall.
   Wen oder was repariert Jonas auch oft?
   Die kaputten Sachen der Großeltern. – 4. Fall

– SCH verwenden Verben in den verschiedenen Zeitformen in angemessener Weise
– SCH beschreiben die Veränderungen des Falls bei Artikeln, Nomen und Adjektiven, die mit der Verwendung im Satz zusammenhängen

Endbausteine bei Wörtern verwenden

geheim	faul	pünktlich	sauber
erleben	achten	wissen	gesund

1. Bilde mit den Endbausteinen neue Wörter. Schreibe auf.

2. Welches Wort ist anders? Begründe.

!

Endbausteine können die Wortart verändern. Die Endbausteine -ung, -heit, -keit, -nis, -schaft zeigen Nomen an.
die Nahrung, die Gesundheit, die Sauberkeit,
das Geheimnis, die Freundschaft

Wenn ich groß bin

Wenn ich es täglich gieße, wachsen die Äste zum Himmel.
Wenn ich groß bin, bin ich auch älter.
Wenn ich mehr Äpfel esse, pflanze ich mir ein eigenes Bäumchen.
Wenn ich Tänzerin werde, ernähre ich mich gesünder.
Wenn ich eine längere Leiter hole, klettere ich darauf bis zu meinem Luftschloss und warte darauf ... dass die Träumerei ein Ende hat.
Wenn ich mich gesünder ernähre, esse ich mehr Äpfel.
Wenn ich älter bin, werde ich Tänzerin.
Wenn ich mir ein eigenes Bäumchen pflanze, gieße ich es täglich.
Wenn die Äste zum Himmel wachsen, hole ich eine längere Leiter.

AH Seite 47

Aha Seite 113

3. Schreibe den Text als Schnipseldiktat.

4. Finde zu jedem unterstrichenen Wort ein verwandtes Wort mit **a** oder **au**. Schreibe die Wortpaare auf.

der **Apfel**	der **Ast**	der **Baum**
gesund	die **Nahrung**	der **Traum**

– SCH schreiben gängige Schreibungen routiniert richtig (Auslaut- und Inlautverhärtung, Ableitung mit ä und äu)
– SCH nutzen Wortbausteine, um die Wortart zu bestimmen
– SCH üben Rechtschreibung am Grundwortschatz

Sprechen und Zuhören

Melanie hatte ihren Kassettenrekorder mitgebracht, damit sie Musik hören konnten, sie tranken den heiß gestellten Tee, knabberten Chips und brachten die Hausaufgaben hinter sich. „Dass wir mal so ein gemütliches Bandenquartier kriegen!“

Er besaß jetzt den Nibelungenschatz, das Schwert Balmung, die Tarnkappe und eine Haut, die hart wie Horn war. Aber er hatte keine Frau. Als er von der Schönheit der Königstochter Kriemhild hörte, dachte er: „Wenn sie wirklich so schön ist, wie man sagt, soll sie meine Frau werden.“

Seht, er läuft zum Ufer nieder –
wahrlich, ist schon an dem Flusse,
und mit Blitzesschnelle wieder
ist er hier mit raschem Gusse.
Schon zum zweiten Male!
Wie das Becken schwillt!
Wie sich jede Schale
voll mit Wasser füllt!

1. Schau dir die Bilder an. Lies die Texte.
2. Was gehört zusammen? Begründe.
3. Worum könnte es in den Texten gehen? Vermute.

Aha Seite 109

– SCH wenden in Zuhör- und Gesprächssituationen ihre Aufmerksamkeit auf das Gesagte
– SCH bekunden ihr Verstehen, indem sie Gehörtes in eigenen Worten zusammenfassen und Kerngedanken wiedergeben

Einen Text schreibend erschließen

Uns ist in alten Mæren
wunders vil geseit von Helden
lobebæren, von grôzer arebeit,
von freuden, hôchgezîten,
von weinen und von klagen,
von küener recken strîten
muget ir nu wunder hœren sagen.

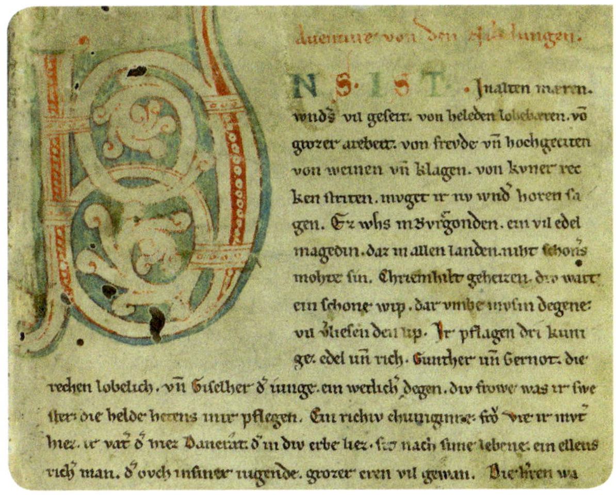

1. Schau dir den Text und das Bild an. Was kannst du erkennen?

Aha Seite 108

2. Lest euch den Text gegenseitig vor.
   Worum könnte es in dem Text gehen?
3. Versuche den Text zu entziffern.

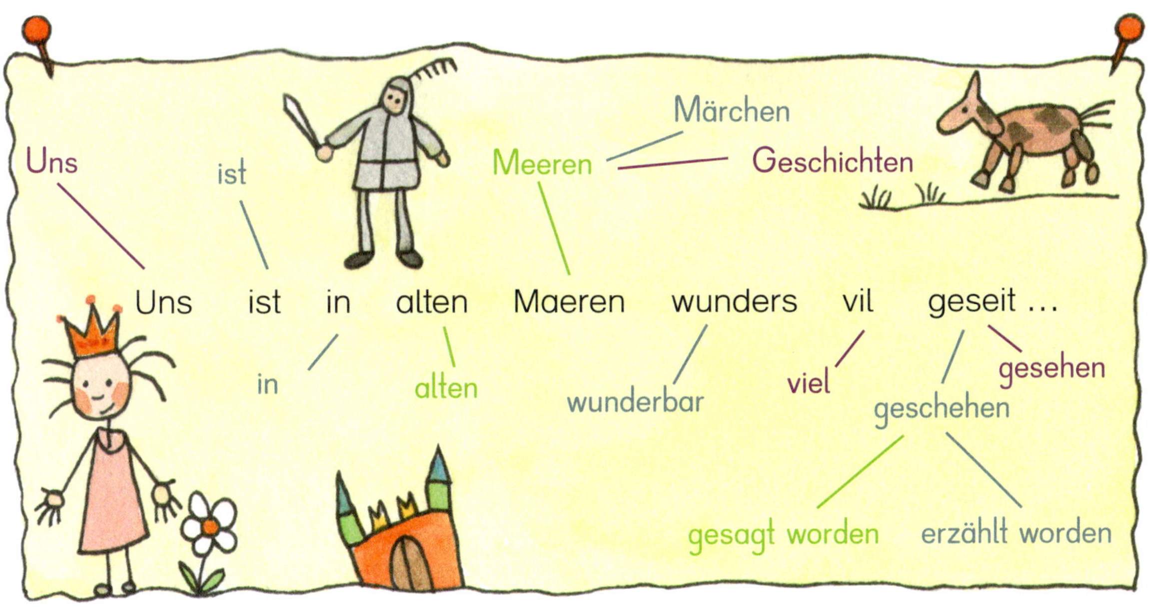

4. Übersetzt die Textzeilen.
5. Vergleicht eure Übersetzungen.

Aha Seite 111

6. Wie bist du vorgegangen, um den Text in deiner Sprache wiederzugeben?

– SCH nutzen Schreiben zum Erschließen von Texten
– SCH beschreiben Gemeinsamkeiten und Unterschiede von Sprachen und Schriftsystemen im eigenen Umfeld

Einen Text planen und schreiben

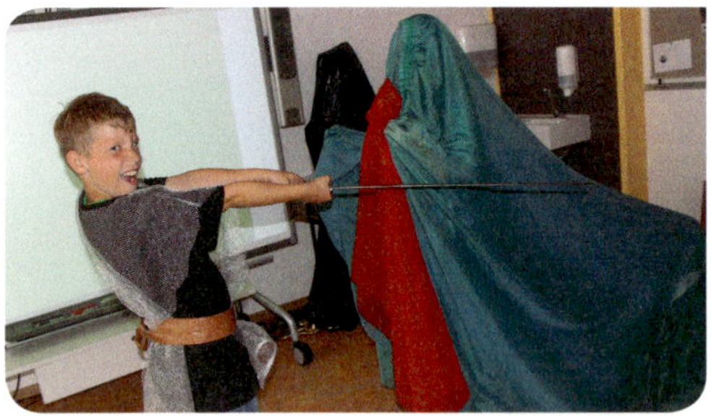

Siegfried bestand viele Abenteuer.
Er gelangte in den Besitz einer Tarnkappe.
So besiegte er einen großen Drachen.

Bald schon fand eine Doppelhochzeit statt.
Gunter heiratete Brünhild und
Siegfried nahm Kriemhild zur Frau.

Eines Tages trafen Brünhild und Kriemhild
auf dem Weg zur Kirche aufeinander.
Es kam zum Streit zwischen ihnen.

Königin Brünhild wollte sich rächen
für das, was ihr angetan wurde.
Hagen schmiedete mit ihr einen Plan.

1 Schau dir die Bilder und Texte an. Erzähle.

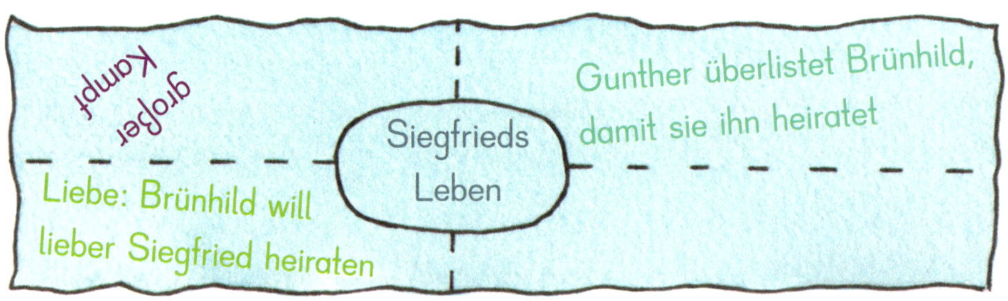

Aha Seite 119

2 Die Bilder gehören alle zu einer Geschichte. Zwischen den Bildern fehlt etwas. Ergänze deine Ideen auf dem Placemat.

3 Vergleicht eure Ideen.

4 Wähle passende Ideen aus. Schreibe deine Geschichte auf.

Aha Seite 124, 125

5 Überarbeitet eure Texte. Ihr könnt
- in der Schreibkonferenz arbeiten,
- mit dem Textfenster überprüfen,
- über den Rand schreiben.

AH Seite 48, 49

6 Lest das Original der Geschichte nach.

– SCH bauen ihre eigenen erzählenden Texte sinnvoll auf
– SCH nehmen zentrale Anregungen für die Überarbeitung auf und setzen sich dazu jeweils ein konkretes Überarbeitungsziel

Einen Text in ein Theaterstück verwandeln

Was geschah

Siegfried erlebte in seiner Jugend viele Abenteuer. Er besiegte einen Drachen und badete in dessen Blut. Dadurch wurde er unverwundbar. Nur eine kleine Stelle blieb frei. Dort konnte er getötet werden.
Kriemhild lebte mit ihren Brüdern in einer Festung in Worms. Siegfried und Kriemhild verliebten sich ineinander. Doch König Gunther, der Bruder von Kriemhild, willigte in die Hochzeit nur ein, wenn Siegfried ihm helfen würde, Brünhild für sich zu erobern.
Brünhild war tapfer und stark. Sie wollte in einem Zweikampf wissen, ob Gunther stärker war als sie. Nur dann wollte sie einer Hochzeit einwilligen. Siegfried wendete ein List an. Er besiegte anstelle von Gunther Brünhild im Wettkampf. Jetzt heiratete Siegfried Kriemhild und Gunther Brünhild.
Die beiden Königinnen konnten sich nicht leiden. Eines Tages war Kriemhild so zornig auf Brünhild, dass sie ihr verriet, dass nicht Gunther sie besiegt habe, sondern Siegfried. Brünhild war darüber so sauer, dass sie sich vornahm, Siegfried zu töten. Zusammen mit ihrem Ritter Hagen schmiedete Brünhild einen Plan gegen Siegfried.

1. Lies den Text. Überlege, wie der Text geändert werden muss, damit ein Theaterstück entsteht.

2. Ergänzt den Text auch mit euren eigenen Ideen.

Siegfried: Ich bin endlich berühmt und mächtig. Ich habe eine Tarnkappe errungen. Ich habe den Drachen besiegt und in dessen Blut gebadet, so dass ich unverwundbar bin. Und jetzt werde ich die schönste Frau heiraten.

3. Schreibt ein Drehbuch.
   Überlegt, was beim Spielen und Sprechen wichtig ist.

4. Spielt, wie ihr unterschiedliche Gefühle ausdrücken könnt.
   Gebt einander Rückmeldung.
   - Waren die Gefühle der Figur gut erkennbar?
   - Was war gut? Was können die Spieler besser machen?

5. Spielt euer Theaterstück vor.

– SCH beobachten andere im szenischen Spiel
– SCH interpretieren eine Rolle, indem sie Gefühle und Charakter verdeutlichen
– SCH gestalten Texte wirkungsvoll durch den gezielten Einsatz passender sprachlicher Mittel

Textformen unterscheiden

Facebookpost Mario Götze
17. Juni 2014
Mein erstes Spiel bei der Weltmeisterschaft. Erster Sieg, erster Schritt ☺.
Hoher Besuch von Angela Merkel nach dem Spiel gegen Portugal.
27. Juni
Jaa! Einzug ins Achtelfinale ☺.
14. Juli 2014
Der Weg zum Pokal! Tolles Team! Weltmeister 2014 ☺.
15. Juli 2014
Danke Fans! Danke Deutschland! Danke Berlin! Waaaaahnsinn!

Liebe Oma!
Wie geht es dir?
Mir geht es gut.
Ich möchte dir gerne von dem Gewinn der Weltmeisterschaft erzählen, weil du das Spiel ja nicht schauen konntest.
Es war einfach super. Ich habe das Finale mit meinen Eltern geschaut. Mein Lieblingsspieler Mario Götze hat das 1:0 im Finale geschossen. Wir haben uns alle gefreut und sogar noch eine kleine Feier gemacht.
Dein Max

FC Bayern schlägt Schachtjor Donezk haushoch
Mit einem 7:0-Sieg gegen die Ukraine setzte sich der FC Bayern mühelos in der Champions League durch. So eindeutig erreichten die Bayern nie zuvor das Viertelfinale der Königsklasse. Mit deutlicher Überlegenheit gewannen die Münchner das Spiel.

1. Lies die Texte.
   Sprecht darüber.
2. Vergleiche die Texte.
   - Gibt es Gemeinsamkeiten?
   - Gibt es Unterschiede?

   Schreibe in zwei Tabellen auf.
3. Vergleicht eure Ergebnisse.

Unterschiede	Text 1	Text 2	Text 3
Wer schreibt?			
Für wen wird geschrieben?			
Besonderheiten des Textes			
…			

Gemeinsamkeiten	Texte 1–3
Thema	Alle Texte …
……	

Aha Seite 109

– SCH untersuchen, welche sprachlichen Mittel genutzt werden können, um bestimmte Wirkungen zu erreichen

Verben in verschiedenen Zeitformen verwenden

Michio Kaku beschreibt sehr eindrucksvoll, wie die Zukunft aussehen wird.
Es ist noch nicht lange her, da dachten alle, dass Michio Kaku ein Spinner ist.
Jetzt leben wir die Zukunft. Es gibt intelligente Räume, wie sie uns Michio Kaku vorausgesagt hat.

Morgens werden wir automatisch aufwachen, weil wir dann in Räumen leben werden, in denen Tapeten die Zeit ermitteln werden.
Erst fanden wir die Räume merkwürdig, in denen Tapeten das Außenlicht scannten und die Zeit zum Aufstehen ermittelten.
Um sechs Uhr scannt die Tapete die Zeit und beginnt zu leuchten. Dann stehe ich auf.

Wir werden nicht mehr mit Bussen oder Autos zur Schule fahren. Stattdessen werden wir auf Hoverboards steigen, die sich geräuschlos vorwärts bewegen.
Ebenfalls seltsam waren die Hoverboards, auf denen die Schüler geräuschlos und ohne Reibungsverlust mittels Magnetfelder zur Schule schwebten.
Für den Weg zur Schule steige ich auf mein Hoverboard und bewege mich geräuschlos und vor allem ohne jeglichen Reibungsverlust zur Schule.

1. Lies die Texte. Erzähle.

Eine Science-Fiction-Situation

Ein Reporter schildert im Jahr 2300 die Veränderungen seit dem Jahr 2200.

Ein Schüler erzählt von einem normalen Morgen im Jahr 2222.

2. Wähle aus jedem Textblock Sätze aus.
Ordne sie den passenden Überschriften zu.
Schreibe die Geschichten auf.

3. Worin unterscheiden sich die Texte?
Erkläre.

4. Unterstreiche die Verben in deinen Texten.

5. Setze eine der Geschichten fort. Worauf musst du achten?

AH Seite 50

Aha Seite 121, 122

W

die Geschichte gestern heute leben morgen die Zukunft

– SCH verwenden Verben in den verschiedenen Zeitformen in angemessener Weise
– SCH verfassen berichtende Texte und achten auf Vollständigkeit und die zeitliche Ordnung der Informationen

Sätze sinnvoll miteinander verknüpfen

Jamal fährt heute mit dem Bus zur Schule.

Jamal fährt gern mit dem Bus.

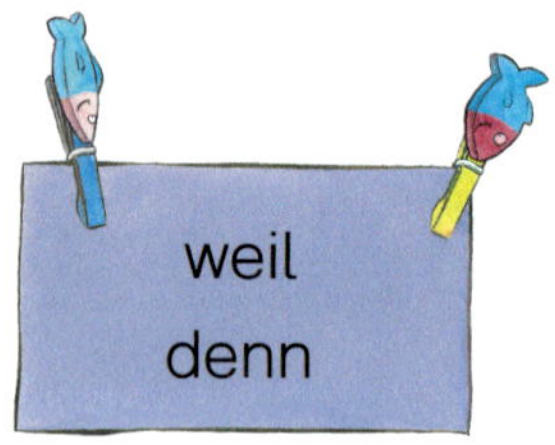

Er trifft dort seinen Freund.

Der Fahrradschlauch hat ein Loch.

1. Verbinde jeweils zwei Sätze miteinander.
2. Vergleicht eure Sätze. Worin unterscheiden sie sich?
3. Schreibe deine Sätze auf. Unterstreiche die Prädikate.
4. Worauf musst du achten, wenn du zwei Sätze miteinander verbinden willst?

Seite 47

Er nahm das Buch, damit er las nicht darin.
Er nahm das Buch, aber sein Freund empfahl es ihm.
Er nahm das Buch, denn es einen langweiligen Umschlag hatte.
Er nahm das Buch, obwohl er endlich mehr über die Ritter erfuhr.

Sie ging in den Film, denn sie hatte dazu eigentlich keine Lust.
Sie ging in den Film, obwohl sie Zeit hatte.
Sie ging in den Film, aber sie wenig Geld hatte.
Sie ging in den Film, weil ihr war langweilig.

5. Lies die Sätze. Sprecht darüber.
6. Vertausche in jedem Kasten die Bindewörter so lange, bis die Sätze stimmen. Vergleicht.
7. Unterstreiche die Prädikate in deinen Sätzen.

Aha Seite 108

AH Seite 51

– SCH verknüpfen Sätze sinnvoll, um sich beim Sprechen und Schreiben genauer auszudrücken

Wörter mit v, ä, ai und dt richtig schreiben

MAISTADTLAIBÄRGERNVERWANDTSCHAFTHAIKAISERVOLL
VIELLEICHTSKIZZEKÄFERVIERMÄRCHENVORBEIKÄFIGPIZZA

Richtig schreiben

1. Finde die Wörter und schreibe sie auf.
2. Ordne die Wörter nach ihren Rechtschreibbesonderheiten.
3. Ordne die Wörter nach der Anzahl ihrer Silben.
4. Erfinde lustige Sätze mit diesen Wörtern.

Seite 86

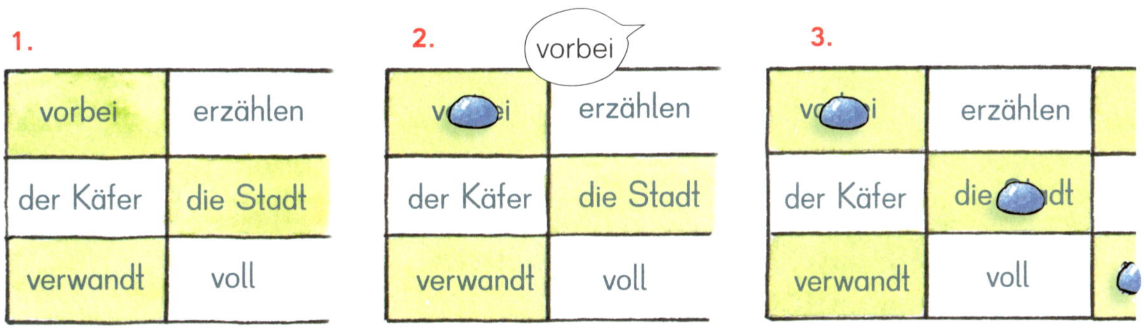

5. Schau dir die Bilder an. Erkläre das Spiel einem Partner.
6. Schreibt Wörter mit Rechtschreibbesonderheiten in euren Bingoplan. Spielt das Spiel in der Gruppe.

Aha Seite 111

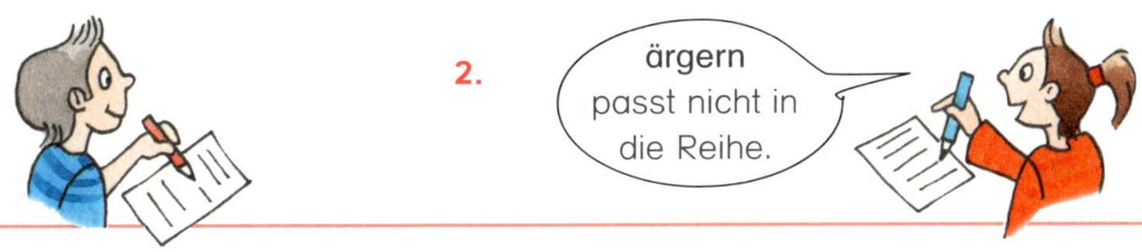

verwandt die Stadt ~~ärgern~~ die Verwandtschaft der Gesandte

7. Schau dir die Bilder an. Erkläre das Spiel einem Partner.
8. Findet eigene Wortreihen. Spielt das Spiel.

AH Seite 52

W

der Käfer	der Käfig	der Laib	das Märchen
die Skizze	die Stadt	verwandt	voll

– SCH schreiben häufig gebrauchte Wörter mit nicht-regelhaften Rechtschreibbesonderheiten richtig (Wörter mit v, ä, ai, dt, zz)

Schlau geübt

Wörter mit Rechtschreibbesonderheiten schreiben

die Altsta dt / t	die Z aa / ah l	das M e / ä dchen	v / f ier
der Verk ee / eh r	der F / V ogel	B o / oh ne	das M ä / e rchen

1. Welche Schreibung ist richtig?
Setze die fehlenden Buchstaben ein. Schreibe die Wörter auf.

AH Seite 53

2. Unterstreiche in jedem Wort die besondere Stelle.

3. Schreibe mit jedem Wort einen Satz.

Bei manchen Wörtern muss ich mir eine **besondere Stelle** merken. Ich schreibe sie oft anders, als ich sie spreche: Wörter mit
ä: der K**ä**fer, der K**ä**fig
ai: der L**ai**b
dt: die Sta**dt**, verwan**dt**
Dehnungs-h: erzä**h**len, wa**h**r
V/v: **v**ier, **v**oll
zz: die Pi**zz**a, die Ski**zz**e

Sätze sinnvoll miteinander verknüpfen

obwohl denn weil damit

Paul geht gerne in die Buchhandlung.	Es gibt sein Lieblingsessen.
Seine Mutter schimpft ihn manchmal.	Er ist eine richtige Leseratte.
Sogar heute beim Mittagessen kann er nicht damit aufhören.	Paul kann sich jeden Tag neuen Lesestoff ausleihen.
Nun hat ihm seine Mutter einen Büchereiausweis besorgt.	Ständig hat er ein Buch vor der Nase.

4. Bilde aus jeweils zwei Sätzen **einen** sinnvollen Satz.
Verwende passende Bindewörter. Schreibe den Text auf.

– SCH schreiben häufig gebrauchte Wörter mit nicht regelhaften Rechtschreibbesonderheiten richtig
– SCH verknüpfen Sätze sinnvoll, auch mit geläufigen Bindewörtern

Verben in verschiedenen Zeitformen verwenden

lesen verlieren träumen sehen erzählen singen vergessen

1. Lege eine Tabelle an. Gib jeder Spalte eine Überschrift. Schreibe jedes Verb in allen Zeitformen auf. Unterstreiche die Veränderungen im Wortstamm.

AH Seite 53

?	?	?	?	?
lesen	er liest	er las	er hat gelesen	er wird lesen

Eilnachricht: Täter gefasst!
Endlich konnten die Einbrecher, die in den letzten Wochen in den Villen der Umgebung große Beute gemacht haben, mithilfe der Detektivgruppe **Adlerauge** gefasst werden. Bei den Verbrechern handelt es sich um drei junge Männer und ihre Komplizinnen. Durch einen Trick schafften es die Frauen, sich ungesehen Zugang zu den Häusern zu verschaffen. Zum Beispiel ließen sich die Frauen der Diebesbande als Haushaltshilfen anstellen, um Informationen über Wertgegenstände und Arbeitszeiten ihrer Herrschaften herausfinden zu können. Die Männer knackten die Sicherheitscodes der Haustüren und klauten den Schmuck und das Geld. Insgesamt erbeutete die Bande über 100.000 €! Ein Glück, dass die **Adleraugen** ihre Augen wieder einmal weit offen hatten und die Einbrecher schnappen konnten.

2. Schreibe die Zeitungsmeldung mit dem Computer.

3. Wie würdest du über den Fall schreiben, wenn du
   - eine spannende Geschichte schreiben würdest oder
   - in einer E-Mail einem Freund davon erzählen wolltest?

   Schreibe deinen Text auf.

W

endlich	der **Gegenstand**	die **Nachricht**
der **Täter**	der **Trick**	die **Umgebung**

Aha Seite 108

1. Schau dir die Bilder an. Erzähle.
2. Wie verändert sich das Leben der Stockente im Jahresverlauf?

Können die Füße festfrieren? | Wie viele Eier hat ein Gelege?

die Erpellocke | Prachtkleid und Schlichtkleid | ...

3. Was interessiert dich? Suche nach Informationen und Erklärungen.
4. Stellt euch eure Ergebnisse vor.
   - Frage nach, wenn du etwas nicht verstehst.
   - Ergänze, wenn etwas fehlt.
5. Informiert euch über andere Wasservögel.

– SCH bekunden ihr Verstehen, indem sie Gehörtes in eigenen Worten wiedergeben
– SCH entnehmen Beiträgen in fachspezifischer Bildungssprache die wesentlichen Informationen

Stichpunkte zu einem Text schreiben

Der Helmbasilisk
Er lebt in den Wäldern Südamerikas, die häufig überflutet werden. Im Wasser und auf den Bäumen lauern Fressfeinde. Ein schneller Sprint über die Wasseroberfläche ist oft die beste Möglichkeit, ihnen zu entkommen. Die hinteren Zehen sind sehr groß und von Hautlappen umgeben, die er auf dem Wasser ausfalten kann. So wird seine Fußfläche viel größer und er kann nicht untergehen. Daher wird er auch Jesus-Echse genannt.

Der Haubentaucher
Er ist ein einheimischer Wasservogel.
Im Balzverhalten zeigt der Haubentaucher einerseits ein heftiges Kopfschütteln mit seiner schönen Federhaube und andererseits die sogenannte Pinguin-Bewegung, bei der er sich durch schnelles Paddeln der Füße fast senkrecht, wie eine Rakete, aus dem Wasser hebt. Um Nahrung zu finden, taucht er blitzschnell ab und taucht bis zu 40 Meter weiter wieder auf.

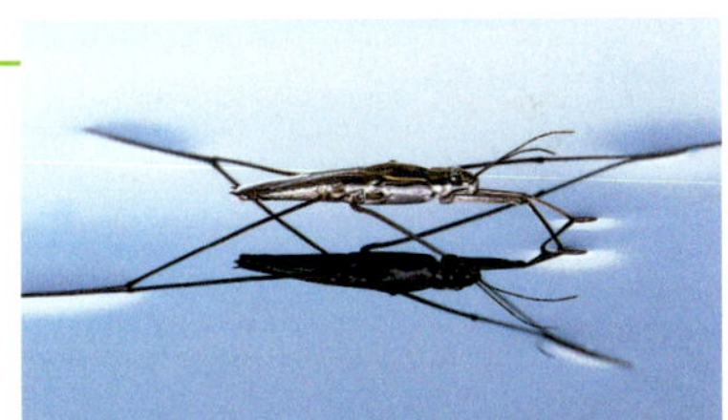

Der Wasserläufer
Dieses räuberische Insekt mit seinen dünnen X-Beinchen kann tatsächlich über das Wasser laufen. Seine Beinchen und sein Körper sind mit Silberhärchen überzogen und werden von ihm mit wasserabweisendem Fett eingestrichen. Wasserläufer sind übrigens wasserscheu. Beim ersten Regentropfen suchen sie Schutz am Ufer.

1. Bildet zu jedem Tier eine Gruppe.
2. Lies den Text zu deinem Tier.

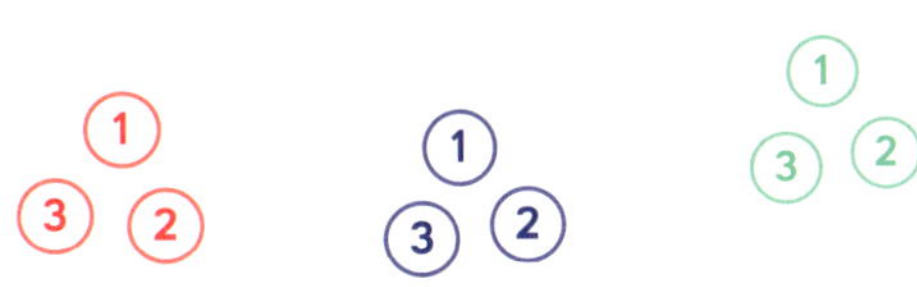

3. Schreibe Stichpunkte zum Text auf. Vergleiche mit deiner Gruppe.
4. Triff dich mit jeweils einem Experten aus den anderen Gruppen.
   - Informiere die anderen über deinen Text.
   - Höre die Beiträge der anderen an.
   - Gib Rückmeldung.

Aha Seite 111

AH Seite 54

– SCH verfassen eigene informierende, beschreibende Texte und achten dabei auf eine reihende Darstellung und eine logische Anordnung der Informationen

Ein Gedicht szenisch spielen

Herbst

„Der Herbst ist gekommen“,
sagt der Lehrer eines Morgens zu seinen Kindern.
Seitdem suchen die Kinder den Herbst.

„Bist du der Herbst?“, fragen die Kinder das bunte Laub.
„Nein“, sagt das bunte Laub. „Ich bin nur sein Kleid.“

„Bist du der Herbst?“, fragen die Kinder den dichten Nebel.
„Nein“, sagt der dichte Nebel. „Er versteckt sich in mir.“

„Bist du der Herbst?“, fragen die Kinder den rotbackigen Apfel.
„Nein“, sagt der rotbackige Apfel. „Ich gehöre zu seinem Gepäck.“

„Bist du der Herbst?“, fragen die Kinder den heulenden Sturm.
„Nein“, sagt der heulende Sturm. „Ich bin seine gewaltige Stimme.“

„Bist du der Herbst?“, fragen die Kinder den alten Mann auf der Bank.
„Nein“, sagt der alte Mann auf der Bank. „Ich bin ein Mensch.
Mir zeigt er jedes Jahr ein bisschen mehr, wie er ist.“

„War er dieses Jahr schon bei dir?“, fragen die Kinder den alten Mann.
„Ich weiß es nicht“, sagt der alte Mann.
„Er berührt mich immer so zart, dass ich ihn nicht spüre.“

Kurt Meiers

1. Lies das Gedicht.
2. Was passiert in dem Gedicht? Erzähle.
3. Tragt euch das Gedicht gegenseitig vor.
   Achtet auf Mimik und Gestik.

Aha Seite 110

4. Spielt mit verteilten Rollen. Verwendet passende Geräusche, Musikinstrumente und Requisiten.
5. Lasst euch von den Zuschauern Rückmeldung geben.
6. Denkt euch weitere Strophen aus.

– SCH setzen Medien bewusst ein, um Szenen zu gestalten und um Wirkungen und Effekte zu erzielen
– SCH beobachten andere im szenischen Spiel und beschreiben die Wirkung der einzelnen Aspekte ihres Spiels auf das Publikum

Ein Rondell schreiben

Farbenfroher Herbst

In diesem Herbst sammle ich all seine besonderen Farben.
Ich liebe die leuchtende Farbenpracht in der Natur.
Jeder Herbsttag ist anders – warmes Licht oder wildpfeifender Sturm.
In diesem Herbst sammle ich all seine besonderen Farben.
Im goldenen Sonnenlicht leuchtet der Ahorn feuerrot.
Glänzende sonnenverwöhnte Äpfel und leckerste Birnen warten auf uns.
In diesem Herbst sammle ich all seine besonderen Farben.
Ich liebe die leuchtende Farbenpracht in der Natur.

1. Lies das Gedicht. Erzähle.

Aha Seite 108

2. Was fällt dir auf? Tauscht euch aus.
3. Beschreibt den Bauplan des Gedichtes.

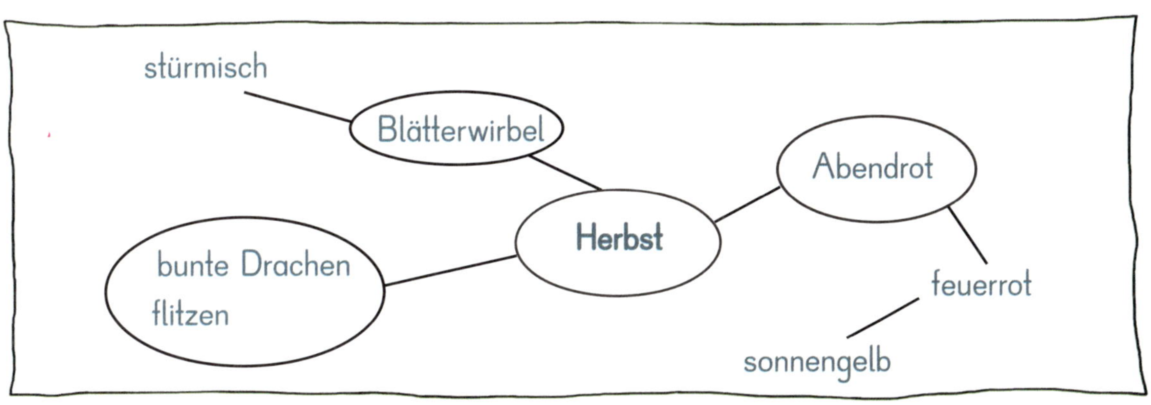

4. Erstelle ein Cluster zum Thema Herbst. Tauscht euch aus.
5. Wähle deine Lieblingswörter zum Herbst aus.
6. Schreibe ein eigenes Rondell zum **Herbst**.
7. Überarbeitet eure Texte. Schreibt über den Rand.
   - Überprüft den Bauplan.
   - Was ist gut gelungen?
   - Gebt einander Tipps.

Aha Seite 125

8. Schreibe deinen Text überarbeitet auf. Gestalte ihn.

– SCH ziehen typische Elemente aus erzählenden Texten heran (Textbausteine in Gedichten)
– SCH untersuchen Texte und beschreiben, welche sprachlichen Gestaltungsmittel und Textmerkmale für Texte typisch sind

Wortarten erkennen

____ ____ sucht ____.
Artikel Nomen Nomen

____ ____ sammelt ____.
Artikel Nomen Nomen

____ ____ fressen ____ und ____.
Artikel Nomen Nomen Nomen

1. Schreibe vollständige Sätze.
2. Vergleicht eure Ergebnisse.
   Wie bist du vorgegangen?

Aha Seite 111

An den Obstbäumen ____ die ____ Äpfel.

Die Spinnen ____ täglich ihre ____ Netze.

Die ____ Blätter ____ vom Baum.

3. Schreibe vollständige Sätze.
4. Vergleicht.
   Welche Wortarten habt ihr eingesetzt?
5. Woran kannst du Adjektive erkennen? Schreibe auf.

Die Igel suchen einen Platz für den Winterschlaf. Sie schlafen viele Monate. Dabei dürfen die Menschen sie nicht stören.

Sie suchen einen Platz für den Winterschlaf. Sie schlafen viele Monate. Dabei dürfen sie sie nicht stören.

6. Die Texte unterscheiden sich. Was stellst du fest?
7. Schreibe Herbstsätze in dein Heft.
   Finde passende Pronomen.
   Die Sonnenblume blüht noch im Oktober. Sie blüht noch im Oktober.
8. Notiere, welche Strategien du verwendest, wenn du Wortarten herausfinden möchtest.

– SCH bestimmen die Merkmale von Nomen, Adjektiven, Artikeln, Pronomen und Verben

Wörter richtig schreiben

Der Herbst

Der Herbst kündigt sich oft schon im August mit spinnennetzen an.
Oft sind kleine Tautropfen an den kunstvollen Nezen zu erkennen.
Es lohnt sich in dieser Jareszeit Fotos zu machen.
Die Sone scheint mit einem besonders schönen warmen Licht.
Am Abent können wir farbenfrohe Sonnenuntergänge beobachten.
Manchmal pfeift aber auch der Wind um die Eken
und die Bletter am Boden drehen sich im Kreis.
Alle Käfr laufen davon.

1. In jeder Zeile ist ein Fehler.
   Finde die falsch geschriebenen Wörter.

Aha Seite 117

2. Was hilft dir dabei, diese Wörter richtig zu schreiben? Erkläre.

Ⓐ verwandtes Wort suchen — ■aupe

Ⓑ Wort in Silben sprechen — der T■ger

Ⓒ Artikel vor das Wort setzen — der Kor■

Ⓓ Wort verlängern — die B■me

Ⓔ besondere Stelle merken — der B■

3. Erkläre die Schreibung der Wörter.
   Ordne zu: die ■aupe → Ⓒ Artikel vor das Wort setzen: die Raupe

Seite 55

4. Schreibe weitere Beispiele auf.
   Ⓒ Artikel vor das Wort setzen → das Foto, die Fotos, der Kreis, die Kreise

---

5. Schlage diese Wörter in der Wörterliste nach. Schreibe sie auf.

Aha Seite 116

– SCH schreiben gängige Schreibungen routiniert richtig (Konsonantenverdoppelung, ie-Schreibung, Auslautverhärtung)

Über Weihnachtsbräuche berichten

Italien

In Italien ist Weihnachten ein Fest der Familie, bei dem das Essen mit Lamm und Truthahn im Mittelpunkt steht. Allerdings ist es in Italien strittig, ob ein Tannenbaum oder eine riesige Krippe ins Haus gehört. In Sizilien scheint die Frage wichtiger, wie die Geschenke bezahlt werden. Daher laden die Familien vorher zum Weihnachtspokern ein. Die Geschenke erhalten die Kinder am 6. Januar, dem Dreikönigstag, von der Hexe Befana. Sie rutscht durch den Kamin, um die Geschenke zu bringen.

Polen

In Polen treffen sich Freunde und Verwandte am Heiligabend. Zum reichhaltigen Essen gehören die Weihnachtsoblaten. Auf dem Tisch steht ein zusätzliches Gedeck, für einen Gast, der vielleicht dazu kommt. Vor dem Essen wird das Weihnachtsevangelium vorgelesen und gebetet. Danach teilen sich alle die Oblaten und wünschen sich "Frohe Weihnachten". Das Teilen der Oblaten steht als Symbol dafür, dass die Familie das Leben miteinander teilen will. Die Kinder hoffen, unter ihrem Teller Geld zu finden.

Australien

Da Weihnachten in Australien in die Sommerzeit fällt, erscheint **Father Christmas** auf Wasserskiern und fährt in Bermuda-Shorts und Sandalen umher, um seine Geschenke auszuteilen. Erst Mitte des 20. Jahrhunderts begannen die Australier am Heiligabend Weihnachtslieder bei Kerzenschein zu singen. In vielen Städten findet die **Christmas Parade**, ein großer Straßenumzug, statt. Am 25. Dezember wird nach dem typisch britischen Truthahnessen ein Barbecue am Strand veranstaltet.

Aha Seite 108

Aha Seite 109

1. Lies die Bräuche aus den verschiedenen Ländern. Sprecht darüber.
2. Wähle ein Land aus. Sammle weitere Informationen. Ergänze.
3. Welcher Weihnachtsbrauch gefällt dir? Begründe.

- SCH wenden in Zuhör- und Gesprächssituation ihre Aufmerksamkeit auf das Gesagte
- SCH gestalten kommunikative Standardsituationen
- SCH beteiligen sich an Gesprächen: erzählen, berichten, begründen

Einen Neujahrsbrauch schreiben

Wir lassen es zu Silvester knallen und schauen **Dinner for One**, klar. Aber was machen Menschen in anderen Ländern zum Jahreswechsel?

Belgien
In den Tagen vor Silvester setzen sich in Flandern viele Kinder erst einmal hin. Sie schreiben einen **nieuwjaaarsbrief**, einen Neujahrsbrief in Gedichtform, in dem sie Eltern und Paten Glück wünschen. Später müssen sie ihn vortragen.

Myanmar
Mit Wasserpistolen und anderen Dingen, die sich mit Wasser befüllen und werfen lassen, ziehen die Menschen am Neujahrsfest **thingyan** durch die Straßen. Im April, wenn hier gefeiert wird, ist es oft 30 Grad Celsius warm. Getroffene werden erfrischt - und der Tradition nach symbolisch gereinigt.

Brasilien
Was kann es Schöneres geben, als am Strand Silvester zu feiern? Die Menschen in Rio de Janeiro tun das so: Sie huldigen der Meeresgöttin Yemanjá, indem sie Blumen ins Meer werfen.

Süddeutschland
Mit Teufelsgeigen, Trommeln und Geschrei vertreiben Menschen in vielen bayerischen Gemeinden die Winterdämonen. Bei diesen Perchtenläufen tragen sie ein Kostüm aus Fell und Leder, ihr Gesicht verbergen sie hinter selbst geschnitzten Holzmasken.

1. Lies die Bräuche zum Jahreswechsel. Sprecht darüber.
2. Welcher Brauch kommt dir seltsam vor?
   Wo möchtest du gerne dabei sein? Begründe.
3. Welche Bräuche aus der Winterzeit kennst du? Erzähle.
4. Wähle einen aus und schreibe zu deinem Brauch.
5. Überarbeitet eure Texte.
   - Sind die wichtigsten Informationen genannt?
   - Ist der Brauch für den Zuhörer verständlich?
6. Erstellt zu euren Bräuchen ein Plakat.

Aha Seite 121

– SCH verfassen eigene informierende, beschreibende Texte und achten dabei auf eine reihende Darstellung sowie logische Anordnung der Informationen

Wörter in Wortbausteine zerlegen

1. Lies die Wörter. Ordne sie.
2. Sprecht über eure Ordnung.

Seite 27, 77

3. Zerlege die Wörter in möglichst kleine Wortbestandteile.

die Unverkäuflichkeit

un | ver | käuf (kauf) | lich | keit

Seite 56

4. Benenne die Wortbausteine.
   Anfangsbausteine: un, ver
   Wortstamm: käuf (kauf)
   Endbausteine: lich, keit
5. Ordne die Wörter nach Wortarten. Begründe.
6. Erfinde eigene zusammengesetzte Wörter.
7. Schreibe lustige Sätze mit diesen Wörtern.
   An einem vorweihnachtlichen Winterabend holte Papa die …

– SCH verwenden Zusammensetzungen als Mittel der Wortbildung und beschreiben Gesetzmäßigkeiten, nach denen sich Artikel und Wortart richten
– SCH bilden unter Verwendung verschiedener Wortbausteine mehrfach zusammengesetzte Wörter

Satzarten unterscheiden

Endlich Winter

Wir haben schon im November auf Schnee gehofft
Doch keine einzige Flocke fiel
Erst Ende Januar kommt der große Schnee
Schnell, holt den Schlitten aus der Garage
Aber nicht ohne Handschuhe
Muss das jetzt noch sein
Ja
Wo sind nur die verflixten Handschuhe
Nichts wie los
Mach doch nicht so ein Geschrei
Als die Sonne untergeht, ziehen wir unsere Schlitten müde nach Hause
Ihr seht aber ganz schön fertig aus
Wie wär´s mit einem heißen Kakao
Super Und dann ab in die Badewanne

1. Lies den Text. Sprecht darüber.
2. Schreibe den Text mit allen Satzzeichen auf. Vergleicht.
3. Begründet eure Entscheidung.
4. Lest den Text in verteilten Rollen.
   Achtet bei der Betonung auf die Satzzeichen.

AH Seite 57

Aha Seite 110

So ein Durcheinander! Räum doch endlich mal dein Zimmer auf!
Mist, ich bin schon wieder auf einen Legostein getreten!
Au, tut das weh! Los, gib mir mal die Legokiste! Fang!

5. Alle Sätze enden mit einem Ausrufezeichen. Ordne sie.

Ausruf	Aufforderungssatz
So ein Durcheinander!	Räum doch endlich mal dein Zimmer auf!

6. Begründe deine Ordnung.
7. Vergleiche die Sätze mit einem Partner.

! Seite 127

– SCH nutzen beim Sprechen und Schreiben die Funktion unterschiedlicher Satzarten, beschreiben deren Wirkungen und setzen passende Satzzeichen

Ein Gedicht vortragen

Lustig ist die Fasenacht,
alles singt und tanzt und lacht.
Mit Gejubel und Geschrei
zieht der Faschingszug vorbei.
Jeder juchzt und freut sich sehr,
keiner kennt den andern mehr.

Wie sie jubeln, wie sie springen,
wie sie tanzen, wie sie singen!
Keiner kennt den andern mehr,
jeder juchzt und freut sich sehr –
alles singt und tanzt und lacht:
Lustig ist die Fasenacht!

Otfried Preußler

Mei Muetter backt Küachla,
juchhu und juchhei,
i wöt, es wär Fasnacht
jahraus und jahrei.
Hei, tanza und springa
und lacha und singa,
tra-la-la, tra-la-la
die Fasnacht ist da!

Luschtig isch die Fasenacht,
wenn mei Muetter Küechla backt.
Wenn sie aber koine backt,
pfeif i auf die Fasenacht.

Volksreim

He Durahansl, komm mal ra,
damit i Dir was saga ka,
I hau mi schea g'macht heit für di,
iatzt komm halt ra und danz mit mir.

Aha Seite 108

Aha Seite 110

1. Lies die Gedichte. Erzähle.
2. Was fällt dir bei den Reimen auf? Erkläre.
3. Wähle ein Gedicht aus. Trage es vor. Achte auf Mimik und Gestik.
4. Welcher Vortrag hat dir am besten gefallen? Begründe.
5. Was gefällt dir am Fasching oder an der Fastnacht besonders? Berichte.
6. Sammelt weitere Faschingssprüche in eurer Mundart.

– SCH strukturieren ihren Vortrag durch sinnvolle Pausen
– SCH erbitten und geben wertschätzende Rückmeldung zu Redebeiträgen und ziehen Schlüsse für weitere Beiträge
– SCH beschreiben Gemeinsamkeiten und Unterschiede von Sprachen (auch Dialekte)

Den Satzkern erkennen

1. Bilde Sätze. Schreibe sie auf.
2. Unterstreiche das Prädikat in deinen Sätzen.
3. Vergleicht eure Sätze. Worin unterscheiden sie sich?
4. Was verändert sich an euren Sätzen, wenn ihr das Prädikat austauscht?

Seite 129

---

holen schlafen geben husten helfen
empfehlen pflanzen verpacken warten

5. Bilde Sätze. Verwende so viele Satzglieder wie nötig.
6. Vergleiche deine Sätze mit einem Partner. Überarbeite sie, wenn nötig.
7. Ordne die Verben. Erkläre.

AH Seite 58

Am Abend nimmt der Vater den Hund Bello ins Haus. Der Hund gehorcht seinem Besitzer fast immer. Er folgt seinem Herrchen den ganzen Tag. Bello liebt die langen Spaziergänge in die Felder. Wird Bello die Katze im Getreidefeld entdecken?

8. Bestimme die Satzglieder. Schreibe Frage und Antwort auf.

Subjekt Wer oder was?	Prädikat	...
der Vater	...	

– SCH beschreiben die Abhängigkeit der Satzglieder vom Prädikat und bestimmen das Subjekt, sowie Orts- und Zeitangaben und Satzergänzungen im 3. und 4. Fall

Vergleiche bilden

Der Feldhase läuft ▭ der Igel.
Die Schnecke läuft ▭ das Haushuhn.
Der Fuchs ist ▭ das Eichhörnchen.
Die Schildkröte lebt ▭ die Eintagsfliege.
Das Schneeglöckchen blüht ▭ die Tulpen.
Der Marienkäfer ist ▭ die Amsel.

klein | langsam | lang | groß | früh | schnell

1. Lies den Text.
2. Welche Wörter musst du ergänzen? Vergleicht.
3. Schreibe den Text auf.
   Der Feldhase läuft schneller als der …

Tier	Höchstgeschwindigkeit
Gepard	120 km/h
Hase	70 km/h
Windhund	70 km/h

Tier	Herzschlag pro Minute
Kellerassel	200 Schläge
Seeelefant	60 Schläge
Mensch	60 Schläge

AH Seite 59

4. Vergleiche und schreibe auf.
   Der Hase läuft genauso schnell wie… Das Herz des….

5. Bilde Sätze mit Vergleichen. Schreibe auf.
6. Unterstreiche die Ausdrücke, die den Vergleich beschreiben.
7. Notiere, wie du Vergleiche aufschreiben kannst.
8. Vergleicht Preise in Prospekten. Schreibt Sätze.
   Kartoffeln sind bei…. billiger als bei…
   Salatgurken sind bei…teurer….

– SCH wenden Strategien zum Erkennen von Adjektiven an (z. B. steigern, vergleichen)

Wortfelder nutzen

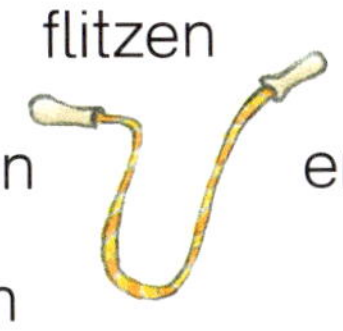

brüllen laufen entdecken jubeln
anschauen berichten wandern jammern
sehen erwidern antworten schreien
hetzen rennen quengeln beobachten
hüpfen erkennen rasen flitzen
vorlesen springen schimpfen erblicken
anstarren schleichen flüstern

1. Lies die Wörter. Was fällt dir auf?
2. Ordne die Verben. Schreibe sie auf.
3. Vergleicht eure Ordnung.
4. Finde Überschriften für deine Ordnung.

laut? leise? wütend?

5. Manche Wortfelder lassen sich noch weiter unterteilen. Beschreibe.

rennen	flüstern	brüllen	rufen	jammern
hüpfen	trampeln	tanzen	sitzen	spazieren
Auto	Motorrad	Lastwagen	Flasche	Traktor
schleichen	flitzen	flüstern	wanken	balancieren
Hut	Hotel	Hütte	Zelt	Wolkenkratzer

6. In jeder Reihe passt ein Wort nicht. Begründe.
7. Erfinde eigene Wortreihen.
   Lass einen Partner das falsche Wort finden.
8. Wobei helfen dir die Wörter des Wortfeldes **sagen**?

Sprache untersuchen

Aha Seite 111

AH Seite 60

– SCH wählen beim Schreiben und Sprechen je nach Kontext passende Wörter aus Wortfeldern

Mit Schreibplänen schreiben

1. Schau dir das Bild an. Erzähle.
2. Lies die Schreibpläne. Wähle einen aus.
3. Plane deinen Text mithilfe eines Schreibplans.
4. Schau dir die Ideen der anderen an. Ergänze deinen Schreibplan.
5. Schreibe deinen Text auf.
6. Überarbeitet eure Texte
   - in der Schreibkonferenz,
   - mit dem Textfenster,
   - oder schreibt über den Rand.
7. Schreibe deinen Text überarbeitet auf.

Aha Seite 118

Aha Seite 124, 125

– SCH bauen ihre eigenen erzählende Texte sinnvoll auf und stellen ein erzählenswertes Ereignis ins Zentrum
– SCH nutzen vor dem Schreiben Methoden zur Sammlung und Ordnung von Wortmaterial und Schreibideen

Sätze sinnvoll verknüpfen

Weil ich ins Schwimmbad gehe, scheint die Sonne.
Weil er Bauchweh hat, hat er zu viel Eis gegessen.
Weil die Wäsche auf der Leine flattert, weht der Wind.
Weil sie die Hand verbunden hat, hat sie sich beim Klettern verletzt.

1. Lies die Sätze. Was fällt dir auf? Erkläre.
2. Schreibe die Sätze so auf, dass sie richtig klingen.
   Vergleicht.

Wir machen heute eine Fahrradtour, damit alle Zeit haben.
Meinen Helm setze ich auf, auch wenn ich mich nicht am Kopf verletze.
Wir radeln los, weil die meisten Leute in unsere Straße noch schlafen.
Am liebsten fahre ich bergauf, während es anstrengend ist.

Gestern bastelte ich ein Kaleidoskop, damit ich Oma etwas schenken wollte.
Zuerst malte ich das Deckblatt an, weil es später hübsch aussieht.
Ich steckte alle Teile ineinander, da ich mir nicht ganz sicher war.
Dann schaute ich durch die Linse, obwohl ich mein Werk bewundern wollte.

4. Lies die Sätze. Was fällt dir auf?
5. Schreibe die Sätze richtig auf. Vergleicht.
6. Was hast du geändert? Erkläre.

weil	damit	während	da	wenn	obwohl

7. Schreibe Sätze mit passenden Bindewörtern.
   Vertausche die Bindewörter in einigen Sätzen und lass deinen Partner die Sätze überarbeiten.

Seite 47

AH Seite 61

– SCH verknüpfen Sätze sinnvoll, auch mit geläufigen Bindewörtern

Wörter richtig schreiben

1 Re▢ 	**2** Br▢fe 	**3** l▢nger
4 So▢e 	**5** Stra▢e 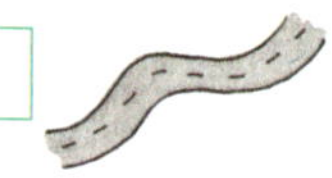	**6** ▢eizung 
7 gi▢t 	**8** sie ▢iest 	**9** Ins▢l 

I Das Wort hat in jeder Silbe einen Vokal.

O Das Wort kommt von **geben**.
Durch das Verlängern wird das **b** hörbar gemacht.

V Das Wort heißt in der Mehrzahl **Rehe**.
Durch das Verlängern wird das **h** hörbar gemacht.

R Das Wort endet auf **–ung**.
Es ist ein Nomen. Nomen werden groß geschrieben.

L Die erste Silbe ist geschlossen. Der Vokal klingt kurz.
Der einzelne Konsonant danach wird verdoppelt.

P Die erste Silbe ist offen.
Das folgende stimmlose s wird als **ß** geschrieben.

F Das Wort steht mit Pronomen.
Es ist ein Verb. Verben werden klein geschrieben.

L Das Wort kommt von **lang**.
Durch das verwandte Wort wird das **ä** deutlich.

O Das Wort endet in der ersten Silbe mit
einem langen i. Ich schreibe **ie**.

1. Welche Tipps helfen dir, die Wörter richtig zu schreiben?
Finde die passenden Erklärungen und ordne sie richtig zu.

2. Schreibe die Wörter richtig auf.
das Reh → V

3. Schreibe das Lösungswort auf.

1	2	3	4
V	…	…	…

AH Seite 62 - 65

– SCH schreiben gängige Schreibungen routiniert richtig

Satzglieder bestimmen

- DER STORCH
- DIE ÄRZTIN
- DER RIESE
- DER ELEKTRIKER
- DAS SCHULKIND
- DIE BÄCKERIN

- STRICKT
- SINGT
- SCHLEICHT
- BASTELT
- SÄGT
- PUTZT

- FRÜH AM MORGEN
- JEDEN TAG
- MANCHMAL
- STUNDENLANG
- IN DER DÄMMERUNG
- HEUTE

- AUF DEM MARKTPLATZ
- ÜBER DEN WOLKEN
- IM GRÜNEN GRAS
- IN DEN URWALD
- ZUM BADESEE
- AM BADEWANNENRAND

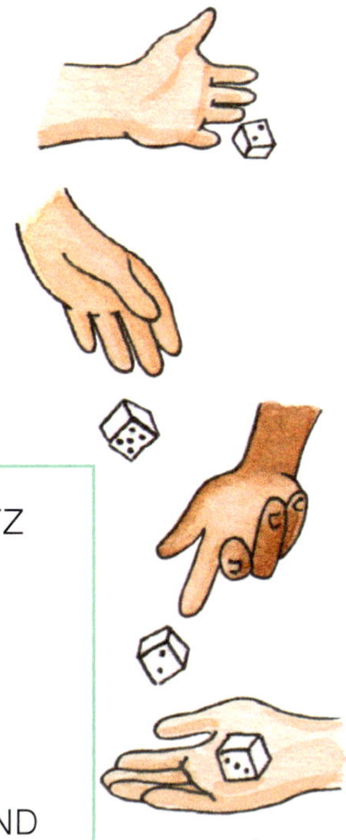

1. Schau dir die Bilder und die Wörter an.
   Erkläre das Spiel einem Partner.
   Schreibt eure gewürfelten Unsinnssätze auf.
2. Wähle einen Satz aus. Stelle die Satzglieder so oft wie möglich um. Was fällt dir auf?
3. Nicht alle Ortsangaben passen zu allen Verben. Nenne Beispiele.

In ein paar Wochen beginnen die Sommerferien.
Dann bleibt der schwere Schulranzen im Schrank.
Nach den großen Ferien begegnet man vielen neuen Mitschülern.
Gibt es am ersten Tag in der neuen Schule eine Schultüte?

4. Schreibe die Sätze auf. Kreise die Satzglieder ein.
5. Frage nach Subjekt, Prädikat, Orts- und Zeitangabe sowie den Ergänzungen.
   Schreibe Frage und Antwort auf.

AH Seite 66

– SCH beschreiben die Abhängigkeit der Satzglieder vom Prädikat und bestimmen weitere Satzglieder

Wortarten bestimmen

1.	SINGEN	LACHEN	FARBEN	RENNEN	SUCHEN
2.	DÜNN	GEMEIN	GUT	SCHÖN	DER
3.	EINE	SIE	DIE	EIN	DAS
4.	RIESE	URLAUB	STAB	RINGEN	SCHIRM
5.	WIR	ER	SIE	DU	KLEIN

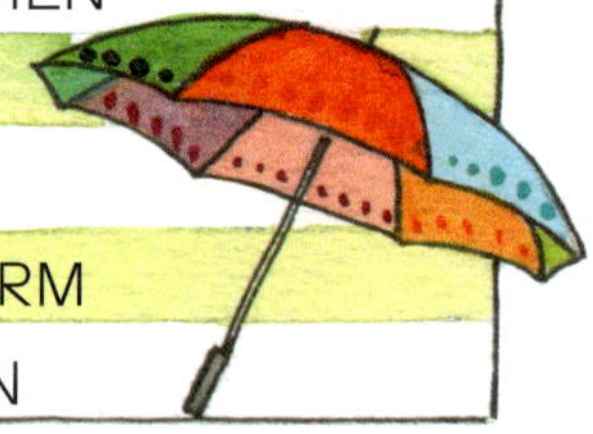

1. In jeder Zeile passt ein Wort nicht.
   Schreibe auf. Erkläre.

EIMER FÜTTERUNG WERFEN LECKER GEHEGE
ICH BESUCH AUSFLUG DER SIE
LUSTIG WÄRTER ZEIT SÄUBERN HELFEN
KUSCHELIG STREICHELN DIE UNTERSUCHEN
PLAN DAS WIR GRASEN WOCHENENDE
EINE WELT FOTOGRAFIEREN BESONDERHEIT

2. Lies die Wörter.
3. Ordne die Wörter. Schreibe sie auf.
4. Erkläre einem Partner deine Ordnung.
5. Finde Regeln für deine Ordnung.
6. Finde weitere Wörter zu den einzelnen Wortarten.
   Schreibe sie auf.

1.	LIEF	BRANNTE	HÜPFTE	SPRANG	MEINTE
2.	GOLD	LIEBE	GLÜCK	BUTTER	ZUCKER
3.	BESSER	MEHR	HÖHER	HELLER	SCHÖNER

AH Seite 64, 67

7. Alle Wörter eine Zeile gehören zu einer Wortart.
   Was fällt dir auf? Erkläre.

– SCH bestimmen die Merkmale von Wortarten

Texte planen, schreiben und überarbeiten

1. Schau dir die Bilder an. Wähle eine Figur aus, mit der du ein Abenteuer erleben möchtest.
2. Schreibe Ideen für deine Geschichte auf. Dazu kannst du
   - ein Cluster anlegen
   - Notizen machen
   - in deiner Gruppe ein Placemat erstellen
3. Schreibe deine Geschichte auf.

Aha Seite 122

Bob durchstöberte es, doch er fand es einfach nicht. Wo konnte es nur sein? Ohne es würde es schwierig werden. Da hatte er eine Idee! Schnell nahm er das Buch zur Hand. Wo war nur seine Brille? Er musste sie dringend putzen. Die Gläser waren ganz dreckig. Es musste einfach eine Bedeutung haben, dass es dort hinter den anderen Büchern versteckt war. Schnell blätterte er in dem zerfallenen, unbeschädigten Buch. Es gab Geschichten über Geister und doofe Kritzeleien. Aber Bob fand nichts über das Phantom. Wieder eine Sackgasse. Was nun?

Ein tolles Wort! So kann ich mir das Buch richtig gut vorstellen!

Was sucht Bob denn?

Finde ein besseres Wort.

Was ist das?

4. Lies den Text und die Tipps. Was gefällt dir an dem Text?
5. Welche Tipps würdest du geben? Ergänze.
6. Überarbeite den Text. Welche Tipps übernimmst du?
7. Schreibe den überarbeiteten Text auf.

AH Seite 68, 69

- SCH gestalten erzählerische Texte lebendig und anschaulich durch den gezielten Einsatz sprachlicher Mittel
- SCH bauen ihre eigenen erzählenden Texte sinnvoll auf
- SCH geben Anregungen und Hilfestellungen für Texte

So hören wir einander zu

1

anschauen

Ich wende mich meinem Partner zu und schaue ihn an.

2

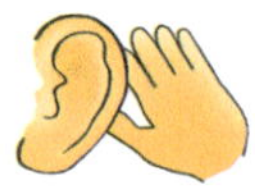

zuhören

Ich höre aufmerksam zu.
Ich nicke, wenn ich etwas verstanden habe.
Ich wiederhole mit meinen Worten.

3

wiederholen

Ich fand besonders interessant, als du....

Kannst du das noch genauer erklären?

Ich stelle Fragen.
Ich ergänze, was zum Thema passt.

Wenn du ..., dann ...

4

bewerten

Ich sage, was mir gut gefallen hat. Ich mache Verbesserungsvorschläge.
Ich stelle meine Meinung dar.

Seite 8
Seite 38
Seite 68

1. Dein Partner erzählt dir etwas zu einem Thema. Beachte die vier Punkte.
2. Überlegt:
   - Was ist euch gelungen?
   - Was ist euch schwergefallen? Sucht nach einer Erklärung dafür.

Der blaue Planet

Mehr Ferien wären super.

Schwimmen lernen ist überflüssig.

3. Wählt in der Gruppe ein Thema. Jeder sagt, was er dazu denkt. Was hat dir am besten gefallen? Begründe.

– SCH halten sich an gemeinsam erstellte Gesprächsregeln
– SCH achten auf eine wertschätzende Gesprächsatmosphäre

So sprechen wir miteinander

1

sprechen

Ich sage meine Meinung zu einem Thema.

2

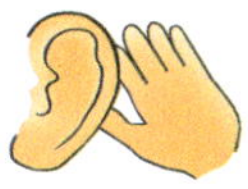

zuhören

Ich höre meinem Partner zu.

3

begründen

Ich denke über seinen Standpunkt nach.
Wir tauschen uns aus.

4

entscheiden

Ich übernehme Vorschläge, die mich überzeugen.

Seite 11
Seite 78
Seite 82

1. Welches Thema interessiert dich?
   Tausche dich mit einem Partner aus.
2. Suche Gründe und Beispiele, die zu eurem Thema passen.
3. Ordne deine Begründungen. Tauscht euch aus.
4. Stellt eure Ergebnisse vor. Lasst euch Rückmeldung geben.

– SCH bauen ihre Beiträge wirkungsvoll, nachvollziehbar und logisch auf (z.B. beim Wiedergeben von Beobachtungen sowie beim Begründen ihrer Meinung)
– SCH setzen ihre Sprechabsichten mit angemessenem Wortschatz um

So spreche ich vor anderen

1

suchen

Ich sammle Informationen für mein Referat.
Ich wähle Wichtiges aus und markiere es.
Ich schreibe mir Notizen auf.

2

fragen

Für meine Zuhörer bereite ich Material vor.

- Sie können das Gehörte wiederholen.
- Sie können Fragen stellen.

3

üben

Ich übe das Referat mit meinen Hilfsmitteln.
Ich achte auf Mimik und Gestik.

4

vortragen

Ich halte Blickkontakt mit meinen Zuhörern.
Ich lasse mir Rückmeldung geben und überlege mir, was ich beim nächsten Mal besser machen will.

Seite 35
Seite 49
Seite 61

Sehenswürdigkeiten in unserer Stadt

Freizeittipps für Schüler

...

Sind Fledermäuse Vampire?

Mein Lieblingsbuch
Titel: Treppe Fenster Klo
Autor: Daniel Mizielinki
Thema: Tolle Häuser
in unterschiedlichen ...

1. Wähle ein Thema. Bereite ein Referat vor.
2. Übe deinen Vortrag. Lass dich von einem Partner beraten.
3. Halte dein Referat.
   - Was war gut?
   - Worauf willst du beim nächsten Mal achten?

– SCH achten beim Sprechen auf Lautstärke, Tempo, Satzmelodie, verwenden verständnisunterstützende Gesten
– SCH strukturieren ihren Vortrag durch sinnvolle Pausen, bereiten sich je nach Sprechanlass gezielt vor

So lernen wir gemeinsam

1 
überlegen

Ich überlege mir eine Lösung
zu einem Lerninhalt und stelle sie vor.

2 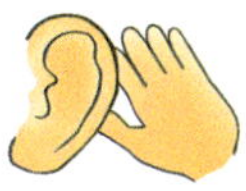
hören

Die anderen haben sich eine Lösung zu dem gleichen Inhalt überlegt und stellen sie vor.

3 
werten

Wir vergleichen. Ich überlege,
welche Lösungswege ich übernehmen will.

4 
rückmelden

Ich melde meiner Gruppe zurück:
- Das hat mir beim Lernen geholfen.
- Das hat mir das Lernen schwer gemacht.

Seite 28
Seite 43
Seite 59

1. Wählt ein Thema aus.
2. Überlege dir eine Lösung.
3. Jeder stellt seine Lösung vor. Tauscht euch aus.
4. Schreibe auf, welcher Lösungsweg dir hilft.
5. Gib deiner Gruppe Rückmeldung.

– SCH führen Lerngespräche, in denen sie ihre Lernstrategie beschreiben, über Arbeitsergebnisse und Lösungswege sprechen, die Zusammenarbeit bewerten oder Feedback an ein Team geben

So schätze ich mein Lernen ein

1

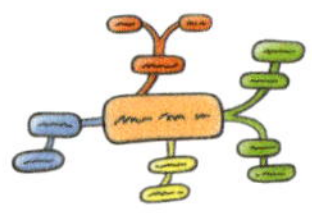

aufschreiben

Ich schreibe auf,
was ich zu einem Thema weiß.

2

können

Ich erarbeite mir neue Inhalte.
Ich schreibe auf, was ich Neues gelernt habe.

3

einschätzen

Ich überlege, wie gut ich den Lernstoff beherrsche.
Ich vergleiche auch mit anderen.
Ich schätze mein Lernen ein.

4

werten

Ich setze mir Ziele für meine Weiterarbeit.

Seite 28
Seite 61
Seite 71

Thema: Satzglieder	
Das kann ich schon gut:	Satzglieder mit Umstellprobe erkennen
Hier muss ich noch üben:	Ich verwechsle manchmal die Fragen.
Da brauche ich noch Hilfe:	die Ergänzungen sind schwierig
Das hat mir beim Lernen geholfen:	Kerim hat mit mir die Fragen geübt.
Weiterarbeit:	AH Seite 33, KV 54

1. Lies den Lerntagebucheintrag.
   - Was ist bei dir ähnlich?
   - Was ist bei dir ganz anders?
2. Schreibe in dein Lerntagebuch, was du Neues gelernt hast.
3. Vergleiche mit einem Partner.
   Wie kannst du beim nächsten Mal noch besser lernen?

– SCH führen Lerngespräche, indem sie ihre Lernstrategien beschreiben
– SCH bewerten eigene Lernergebnisse
– SCH wählen Lernmethoden, Materialien und Hilfen aus, um ihre Ziele zu erreichen

So schreibe ich Texte ab

1

sprechen

Ich lese den Text.
Ich lese Satz für Satz.

2

merken

Ich teile mir die Sätze in sinnvolle Abschnitte ein und merke sie mir.

3

schreiben

Ich schreibe die Abschnitte auswendig auf.
Ich achte auf besondere Stellen.

die Stadt: mit **dt** am Ende

4

vergleichen

Ich vergleiche mit der Vorlage.
Ein Wort mit einem Fehler streiche ich durch und schreibe es noch einmal richtig auf.

Seite 27
Seite 37
Seite 77

Wozu denn einen Helm tragen?

Endlich entdeckt Papa sein Traumfahrrad. Er möchte es Probe fahren.

Der Verkäufer reicht Papa einen Helm, doch er lehnt dankend ab.

„Mir hat ein Auto die Vorfahrt genommen. Ich bin hingefallen.“

„Sie sollten ihn aber tragen“, beharrt der Verkäufer.

Mesut geht mit seinem Vater zum Fahrradkauf.

Papa macht sich auf die Probefahrt. Spät kommt er zurück.

Das Fahrrad ist verbeult. Der Helm ist eingedrückt. Papa ist in Ordnung.

1. Schreibe den Text als Laufdiktat auf ein Blatt. Überprüfe deinen Text.
2. Schneide die Streifen auseinander. Ordne sie in der richtigen Reihenfolge. Klebe das Schnipseldiktat auf.

So übe ich mit dem Wörterkasten

Ich lege mir einen Wörterkasten an. Dazu brauche ich einen Kasten, Karten mit den Anfangsbuchstaben meines Namens und vier Registerkarten zum Abtrennen.

1
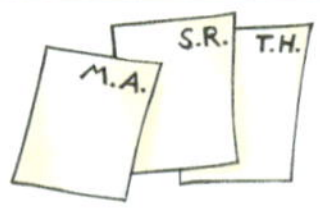

beschriften

Ich schreibe auf jede Karte ein Wort.
Ich schreibe auch Wörter auf, die mir wichtig sind.
Ich unterstreiche besondere Stellen.

2

schreiben

Auf der Rückseite notiere ich die Wortart und ergänze passende Übungen.
Ich ordne die Karte in Fach eins.

3

Wörter üben

Schreibe ich das Wort fehlerfrei, lege ich die Karte in das nächste Fach.
Schreibe ich einen Fehler, verbessere ich ihn.
Die Karte bleibt im gleichen Fach.

4

können

Das wiederhole ich so lange, bis ein Wort in Fach fünf liegt. Jetzt kann ich das Wort schreiben.

Seite 25
Seite 45
Seite 85 ...

1. Schreibe die Nomen mit Artikel, in der Einzahl und in der Mehrzahl auf. Bilde Zusammensetzungen.
   die Karte, die Karten, die Landkarte, die Speisekarte, ...

2. Schreibe die Verben in der Grundform, in der Gegenwart, in beiden Vergangenheitsformen und in der Zukunft auf.
   fließen: er fließt, er floss, er ist geflossen, er wird fließen

3. Schreibe die Adjektive in der Grundform und mit einem Nomen auf. Bilde die Steigerungsformen.
   dunkel: der dunkle Wald, dunkel – dunkler – am dunkelsten

4. Lies deine eigenen Texte durch. Übe deine Fehlerwörter.

– SCH trainieren Rechtschreibung entsprechend eigener Lernbedürfnisse mit einem erweiterten Übungswortschatz
– SCH üben Rechtschreibung anhand des verbindlichen Grundwortschatzes

So kann ich Wörter üben

1

Wörter üben

Mit diesen Übungen kannst du deine Wörter aus dem Wörterkasten, aus der Wörterliste oder aus deinem Wörterheft üben.

Seite 4/5
Seite 15
Seite 65 ...

(1) Wähle zehn zusammengesetzte Wörter aus.
Zerlege jedes Wort in seine Wortbausteine.
Heißklebepistole
heiß: Adjektiv kleben: Verb die Pistole: Nomen

verkaufen verschenken versuchen	sonnig lustig affig	sollen dünn Kuss	...

(2) Schreibe zu jeder Spalte eine passende Rechtschreibregel auf.
Ergänze weitere Wörter.

(3) Lege weitere Spalten mit anderen Rechtschreibregeln an.
Dein Partner findet die Regel dazu und ergänzt passende Wörter.
Wechselt euch ab.

der Computer downhill mailen googeln cool
das Surfboard das Mountainbike das Handy

(4) Diese Wörter haben etwas gemeinsam.
Finde die Gemeinsamkeit und ergänze die Liste.
Erkläre die Wörter: der Computer: ein Gerät, das Daten verarbeitet

(5) Sammle Wörter, die zur gleichen Wortfamilie gehören.
Unterstreiche den gemeinsamen Wortstamm.
fließen, der Fluss, Fließgeschwindigkeit, flüssig

(6) Welche Übung hilft dir am meisten beim richtigen Schreiben?
Begründe.

– SCH trainieren Rechtschreibung entsprechend eigener Lernbedürfnisse mit erweitertem Übungswortschatz
– SCH üben Rechtschreibung anhand des verbindlichen Grundwortschatzes

So schlage ich Wörter nach

Wenn du nicht weißt, wie ein Wort geschrieben wird, suche es im Wörterbuch, in der Wörterliste oder im Internet. Die Wörter sind nach dem Alphabet geordnet.

Ich suche im Wörterbuch		Ich suche im Internet
Mit welchem Buchstaben beginnt das Wort?	1  überlegen	Ich gebe das Wort in eine Suchmaschine ein.
Ich suche die Seite mit dem Anfangsbuchstaben. Jetzt suche ich nach dem zweiten Buchstaben.	2  nachschlagen	Ich wähle eine zuverlässige Quelle (zum Beispiel Duden) aus.
Ich finde mein Wort nicht. Ich überlege, wo das Wort stehen könnte. *Lautet mein Wort in der Grundform anders?*	3  überlegen	Ich finde mein Wort. Ich lese die Bedeutung. Ich höre mir das Wort an.
Ich schreibe das Wort auf und vergleiche.	4  schreiben	Ich schreibe das Wort auf und vergleiche.

Seite 25
Seite 55
Seite 93

das T-Shirt	die Jeans	konzentrieren	aggressiv
auschecken	die Fashion	der Style	zoomen

1. Suche die Wörter im Wörterbuch und im Internet. Welche Informationen erhältst du? Vergleiche.
2. Welche Nachschlagquelle hilft dir besser? Wo bist du sicherer, dass du gut informiert wirst?
3. Suche eigene Wörter im Internet. Vergleiche mit dem Wörterbuch.

– SCH trainieren Rechtschreibung entsprechend eigener Lernbedürfnisse
– SCH üben Rechtschreibung anhand des verbindlichen Grundwortschatzes

So überprüfe ich meinen Text

1

sprechen

Ich überprüfe meinen Text Wort für Wort von hinten nach vorne. Ich fange mit dem letzten Wort an.

2

überlegen

Wörter, bei denen ich unsicher bin, unterstreiche ich. Kenne ich eine Regel, schreibe ich das Wort richtig auf.

3

suchen

Kenne ich keine Regel, suche ich das Wort in der Wörterliste, im Wörterbuch oder im Internet.

4

schreiben

Ich vergleiche mein Wort und schreibe es richtig.

Seite 7
Seite 93

Herzlichen glückwunsch

An meinem geburtstag wollten wir zum marathonlauf nach roth fahren, um den läufern zuzuschauen. Mein vater wollte auch starten. Doch er wurde krank. Ich war todtraurig. Aber dann sprang meine mutter ein. Sie lief den lauf ihres lebens. Was für eine überraschung. Mein fest war gerettet. Am abend sagte mein vater mir und meiner mutter: „Herzlichen glückwunsch!“

1. Finde die 15 Fehler.
2. Schreibe den Text richtig ab. Überprüfe die Wörter mithilfe eines Wörterbuchs oder eines Rechtschreibprogramms.
3. Finde eine Regel, die für alle diese Wörter gilt.
4. Lies deine eigenen Texte durch. Welche Rechtschreibregeln helfen dir bei deinen eigenen Texten besonders gut?

– SCH überarbeiten eigene Texte mithilfe eines Wörterbuches ggf. auch mit Rechtschreibhilfen des Computers
– SCH zeigen Rechtschreibbewusstsein bei eigenen Aufzeichnungen, indem sie selbstständig auf Richtigschreibung achten und sich korrigieren

So plane ich einen Text

1 
überlegen

Ich überlege mir,
wozu ich schreiben möchte.

2 
sammeln

Ich sammle meine Ideen.
- Ich mache mir Notizen.
- Ich zeichne Bilder zu meiner Idee.
- Ich erstelle mit anderen ein Placemat.

3 
ordnen

Ich ordne meine Ideen mithilfe eines Schreibplans.
- Ich kann einen Erzählfaden anlegen.
- Ich kann Fragen stellen.

4 
auswählen

Ich wähle aus,
was ich für meinen Text brauche.

Seite 29/30
Seite 69
Seite 102

(1) Wähle aus, wozu du schreiben möchtest.

(2) Sammle deine Ideen. Du kannst
- Notizen machen
- Bilder zeichnen
- ein Placemat mit anderen erstellen.

(3) Ordne deine Ideen. Wähle aus.

– SCH nutzen vor dem Schreiben Methoden zur Sammlung und Ordnung von Wortmaterial und Schreibideen
– SCH ziehen auch im Austausch mit anderen typische Elemente heran, erstellen für eigene Texte Sammlungen

So erstellen wir ein Placemat

1 
überlegen

Wir schreiben das Thema
in die Mitte eines Blattes.

2 
schreiben

Jeder von uns schreibt seine Ideen
in seine Ecke des Blattes.

3 
vergleichen

Wir vergleichen unsere Ideen.

4 
auswählen

Jeder wählt die Ideen oder Wörter aus,
die er für seinen Text verwenden möchte.

Seite 48
Seite 68
Seite 80

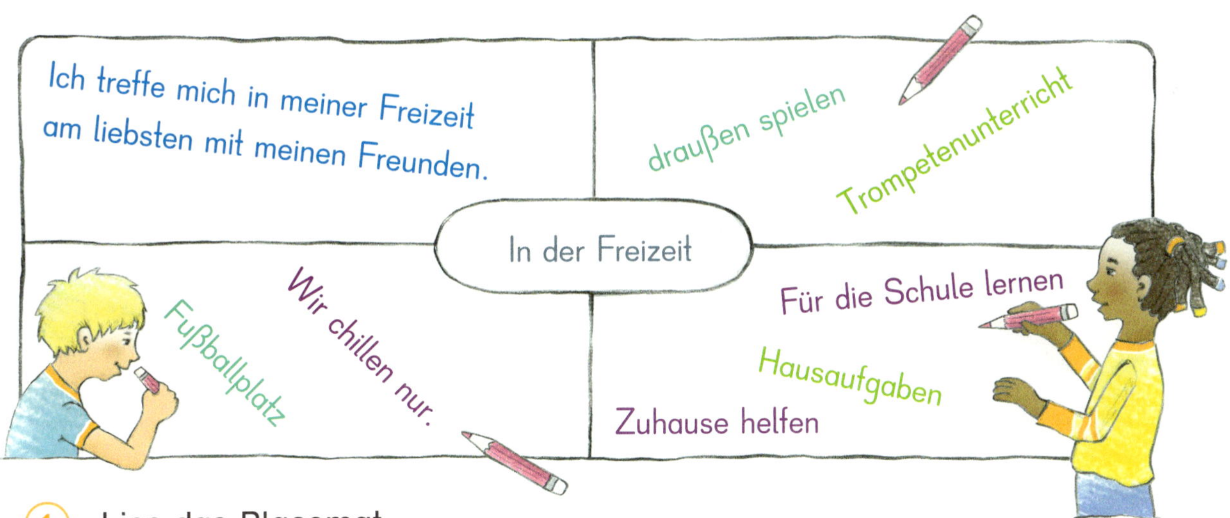

1. Lies das Placemat.
2. Ergänzt eure Ideen.
3. Wähle Wörter oder Ideen aus dem Placemat aus.
   Schreibe einen Text.
4. Stellt eure Texte zusammen mit euren Placemats aus.

– SCH nutzen vor dem Schreiben Methoden zur Sammlung von Wortmaterial und Schreibideen

So erschließe ich mir einen Sachtext

1

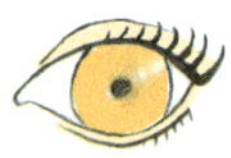

anschauen

Ich lese die Überschrift und schaue mir die Bilder zum Text an.

2

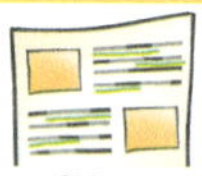

überfliegend lesen

Ich überfliege den Text.
Ich markiere Begriffe, die für den Text wichtig sind.

3

gliedern

Ich finde Zwischenüberschriften oder fasse zusammen.

4

aufschreiben

Ich lese genau und notiere wichtige Informationen.

Seite 10
Seite 40
Seite 60

Zu viel Weltraumschrott

Die Erde ist von Müll umgeben. Die Raumfahrt hinterlässt sehr viel Schrott in der Umlaufbahn. Wenn Satelliten zusammenstoßen oder Raketentests im All durchgeführt werden, bleiben Trümmerteile von Satelliten oder technischen Geräten in der Erdumlaufbahn zurück. Schon kleine Gegenstände haben enorme Zerstörungskraft. Die ISS musste schon oft ausweichen, um nicht getroffen zu werden.

Weltraummüll: Jeder Punkt ein Trümmerteil

ISS: Internationale Raumstation (engl. **i**nternational **s**pace **s**tation)

1. Lies die Überschrift. Schau das Bild an.
2. Überfliege den Text. Schreibe drei Begriffe heraus, die für den Textinhalt wichtig sind.
3. Finde Zwischenüberschriften oder fasse zusammen. Vergleicht.

– SCH nutzen vor dem Schreiben Methoden zur Sammlung von Informationen
– SCH nutzen Schreiben zum Erschließen von Texten

So schreibe ich einen informierenden Text

1 
suchen

Ich suche Informationen zu meinem Thema.
Ich sammle Bilder.

2 
gliedern

Ich gliedere meine Informationen und wähle passende Bilder aus.

3 
Stichpunkte notieren

Ich notiere meine Informationen in Stichpunkten.
- Ich achte auf die Gestaltung.
- Ich verwende Fachbegriffe.

4 
überprüfen

Ich überprüfe.
- Ist alles verständlich?
- Sind alle Informationen enthalten?

Seite 20
Seite 40
Seite 83

1. Sammle Informationen zu einem Thema.
2. Gliedere deine Informationen und wähle passende Bilder aus.
3. Notiere die Informationen in Stichpunkten. Verwende Fachbegriffe. Gestalte übersichtlich.
4. Überprüfe mit einem Partner.
   - Ist alles verständlich?
   - Sind alle Informationen enthalten?

– SCH verfassen eigene informierende, beschreibende Texte und achten dabei auf eine reihende Darstellung sowie logische Anordnung der Informationen

So schreibe ich einen erzählenden Text

1

sammeln

Ich sammle Ideen und Wörter für meinen Text.

2

ordnen

Ich ordne meine Ideen.
- Wer ist dabei?
- Was ist passiert?
- Wann und wo passiert es?

3

besondere Stelle

Ich gestalte eine besondere Stelle.
Ich verwende passende Wörter.
Ich schreibe Gedanken und Gefühle auf.

4

überprüfen

Wir überprüfen mit dem Textfenster.
Ich überlege, welche Tipps ich aufnehmen will.
Ich überarbeite meinen Text.

Seite 30
Seite 69
Seite 83

Erdbeereis.
– Na klar.

1. Wozu möchtest du einen Text schreiben? Wähle aus.
   Sammle Ideen und Wörter für deinen Text. Du kannst auch zeichnen.
2. Ordne deine Ideen.
3. Schreibe deinen Text auf. Gestalte eine besondere Stelle. 
4. Lest euch eure Texte vor. Überprüft mit dem Textfenster.
   - Ist für deinen Zuhörer alles verständlich?
   - Hast du passende Wörter verwendet?

– SCH bauen ihre eigenen erzählenden Texte sinnvoll auf
– SCH gestalten erzählende Texte lebendig und wirkungsvoll durch den gezielten Einsatz sprachlicher Mittel

So schreibe ich einen argumentierenden Text

1 
sammeln

Ich sammle Gründe und Beispiele für meine Meinung.
Ich überlege, was dagegenspricht.

2 
ordnen

Ich ordne meine Ideen.
- Was spricht dafür?
- Was spricht dagegen?
- Was ist mein Standpunkt?

3 
überzeugen

Ich begründe jeden Punkt und Gegenpunkt und gebe ein Beispiel.

4 
überprüfen

Wir überprüfen mit dem Konferenzzettel.
Ich überlege, welche Tipps ich aufnehmen will.
Ich überarbeite meinen Text.

Seite 50
Seite 51

1. Wähle ein Thema aus.
   Sammle Gründe und Beispiele für deinen Standpunkt.
   Überlege auch, was dagegenspricht.
2. Ordne deine Ideen.
3. Begründe jeden Punkt und gib ein Beispiel.
   Schreibe deinen Text auf.
4. Lest euch eure Texte vor. Überprüft mit dem Konferenzzettel.

– SCH sammeln Gründe und Beispiele zu einer Position und ordnen sie nach einer logischen Reihenfolge
– SCH nutzen beim Schreiben eigener argumentierender Texte entsprechende Textvorbilder: Darlegung eines eigenen Standpunktes mit Information, Gründen und Beispielen

So arbeiten wir mit dem Textfenster

1 
lesen

Ich lese meinen Text vor.

2 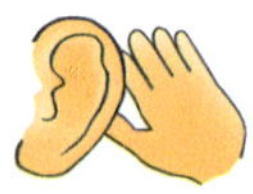
hören

Ich höre zu, was die anderen bei den jeweiligen Textfenstern sagen.

3 
merken

Ich merke mir die Ideen der anderen.

4 
ändern

Ich überlege, welche Ideen ich übernehmen will.
Ich überarbeite meinen Text.

Seite 31
Seite 80

Das Geheimnis der verschollenen Insel
Es war spät. In der Stadt Midaxju schlief alles bis auf den Legusterweg 13a.
Es war eine kleine Stadt. Dort wohnte ein Mädchen namens Anna. Sie lag in ihrem Bett und las ein Buch. Das Geräusch eines Motorrads. Sie ging zum Fenster und sah hinaus. Es brannte noch Licht. Anna wunderte sich: „Seit wann war jemand in das kaputte, alte Haus eingezogen?“
Sie beschloss, morgen früh in das Haus zu gehen.
Vielleicht waren da Kinder. Vielleicht konnte die alte Lina helfen.

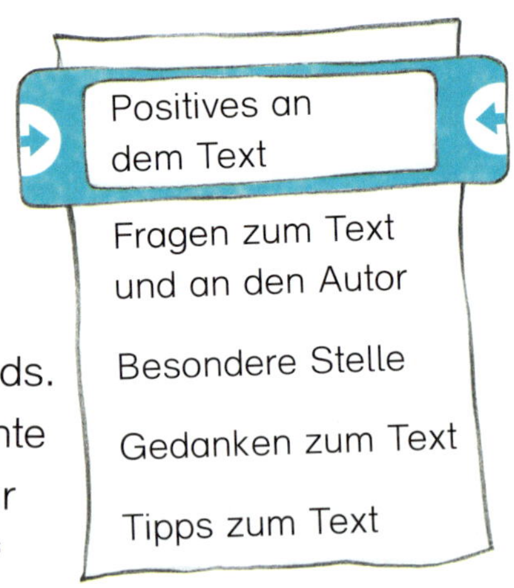

1. Lies den Text.
2. Überprüft den Text mit dem Textfenster.
3. Schreibe den Text überarbeitet auf.

– SCH nehmen zentrale Anregungen für die Überarbeitung auf und setzen sich ein konkretes Überarbeitungsziel
– SCH geben zentrale konkrete Hilfestellungen für Texte und heben die Stärke der gelungenen Elemente hervor

So schreiben wir über den Rand

1 
lesen

Wir treffen uns in der Gruppe.
Jeder liest den Text eines anderen.

2 TIPP
Tipps geben

Ich schreibe Tipps zu dem Text
an die jeweilige Stelle an den Rand.
Ich gebe den Text weiter.

3 TIPP
Tipps geben

Das nächste Kind liest den Text und meine Tipps.
Es ergänzt weitere Tipps.

4 
ändern

Ich lese alle Tipps
und überarbeite meinen Text.

Seite 21
Seite 41
Seite 91

Studie
Im Jahr 2008 wurde in einer Studie etwas untersucht. Nämlich, was Kinder am liebsten in ihrer Freizeit machen. Da sagten sie, dass nur ein Drittel am liebsten fernsieht. Besonders die Jungen sagten, sie wollten lieber draußen spielen oder Freunde treffen. An vierter Stelle steht **Sport treiben**. Das finde ich blöd, weil ich Sport nicht mag. Danach folgte der Computer. Bei den Mädchen auch, aber erst auf Platz neun. Tatsächlich liest nach wie vor jedes zweite Kind gern, manche sogar sehr gern. Die Mädchen lesen sogar fast jeden Tag.

Wer?

Was für eine Studie?

Das wusste ich nicht.

Ordne doch den Text übersichtlicher an.

1. Lies den Text und die Tipps. Was gefällt dir an dem Text?
2. Welche Tipps würdest du geben? Ergänze.
3. Welche Tipps übernimmst du? Schreibe den Text überarbeitet auf.

– SCH nehmen zentrale Anregungen für die Überarbeitung auf und setzen sich ein konkretes Überarbeitungsziel
– SCH geben zentrale konkrete Hilfestellungen für Texte, heben die Stärke der gelungenen Elemente hervor

Das Nomen

Nomen lassen sich am Artikel erkennen. Oft steht der Artikel nicht direkt beim Nomen oder ist gar nicht im Satz vorhanden.

Der Baum vor meinem Haus blüht.
Der schönste Baum in unserem Garten ist die alte Weide.
Bäume sind wichtig für die Umwelt.

Der erweiterte **Nominalkern** kann sich verändern.
Je nach Stellung im Satz lassen sich **vier Fälle** unterscheiden:

	der	die	das
1. Fall	**Der kleine Hund** geht Gassi.	**Die kleine Katze** liegt im Gras.	**Das kleine Frettchen** liegt im Gras.
2. Fall	Die Leine **des kleinen Hundes** liegt auf dem Tisch.	Das Fell **der kleinen Katze** ist schwarz.	Das Fell **des kleinen Frettchens** ist gefleckt.
3. Fall	Ich gebe **dem kleinen Hund** ein Leckerli.	Ich gebe **der kleinen Katze** Futter.	Ich gebe **dem kleinen Frettchen** Futter.
4. Fall	Ich sehe **den kleinen Hund**.	Ich sehe **die kleine Katze**.	Ich sehe **das kleine Frettchen**.

Der Artikel

Wenn etwas bereits erwähnt wurde oder bekannt ist, wird der **bestimmte Artikel** verwendet: **der, die, das.** Der Mann trägt einen schwarzen Anzug.
Wenn etwas unbekannt ist, wird der **unbestimmte Artikel** benutzt: **ein, eine, ein.** Ich sehe einen Mann.

Das Verb

Verben geben an, wer wann etwas tut oder wann etwas geschieht. Es lassen sich **Zeitformen** in der Gegenwart, der Vergangenheit und in der Zukunft bilden. Zum Bilden der zweiten Vergangenheit und der Zukunft werden Hilfsverben benötigt (haben, sein, werden).

Grundform:	malen	gehen
Gegenwart	ich male	ich gehe
1.Vergangenheit	ich malte	ich ging
2.Vergangenheit	ich habe gemalt	ich bin gegangen
Zukunft	ich werde malen	ich werde gehen

– SCH verwenden beim Untersuchen, Reflektieren und Anwenden von sprachlichen Strukturen die zutreffenden Begriffe

Die wörtliche Rede

Die **wörtliche Rede** kennzeichnet, was jemand denkt oder sagt.
Sie steht zwischen **Anführungszeichen**.
Der **Redebegleitsatz** sagt, wer wie spricht oder denkt.
Er kann vorangestellt oder nachgestellt werden.

Redebegleitsatz — wörtliche Rede — Anführungszeichen oben

Henrieke jubelt**:** **„**Ich habe ein Tor geschossen**!“**

Doppelpunkt — Anführungszeichen unten — Satzzeichen

wörtliche Rede — Komma — Redebegleitsatz

„Ich habe ein Tor geschossen**“,** erzählte Henrieke.
„Ich habe ein Tor geschossen**!“,** jubelte Henrieke.
„Ich habe ein Tor geschossen**?“,** fragte Henrieke sich.

Anführungszeichen unten — Satzzeichen — Anführungszeichen oben

Die Satzarten und die Satzzeichen

Der Punkt steht am Ende eines Aussagesatzes. **.**
Ich spiele heute Fußball.
Da sprang er vor Freude in die Luft.

Das Fragezeichen steht am Ende eines Fragesatzes. **?**
Wo wollen wir spielen?
Kommst du mit ins Kino?
Da sprang er vor Freude in die Luft?

Das Ausrufezeichen steht am Ende eines Ausrufes
oder eines Aufforderungssatzes. **!**
Super, wir haben gewonnen!
Da sprang er vor Freude in die Luft!
Gib endlich den Ball ab!

Die Entscheidung für das passende Satzzeichen
hängt von der Absicht des Sprechers oder Schreibers ab.
Danach richtet sich die Betonung.

– SCH verwenden beim Untersuchen, Reflektieren und Anwenden von sprachlichen Strukturen die zutreffenden Begriffe

Die Bindewörter

Manche Bindewörter verknüpfen Aufzählungen miteinander.

Die Mütze, die Handschuhe und der Schal lagen noch in der Schule.

Bindewörter verknüpfen Sätze sinnvoll miteinander.

Vor dem Bindewort steht oft ein Komma. ,

Ich trage einen Schal, weil es heute kalt ist.

Ich setze auch eine Mütze auf, damit meine Ohren nicht frieren.

Die Satzglieder:

Sätze bestehen aus einem oder mehreren Satzgliedern.

Ja!

Am liebsten | mag | Joffre | spannende und unterhaltsame Bücher.

Jedes Satzglied lässt sich an die erste Stelle setzen (**Erststellprobe**) und umstellen (**Umstellprobe**). Die Wörter, die immer zusammen stehen, bilden ein Satzglied.

Joffre liest ein dickes, spannendes und unterhaltsames Buch.

Ein dickes, spannendes und unterhaltsames Buch liest Joffre.

Liest Joffre ein dickes, spannendes und unterhaltsames Buch?

Manche Satzglieder kann man ersetzen oder weglassen (**Ersatzprobe** oder **Weglassprobe**).

Joffre liest ein dickes, spannendes und unterhaltsames Buch.

Ersatzprobe: Joffre liest es.

Weglassprobe: Joffre liest.

Das Subjekt

Das Satzglied, das auf die Frage **Wer oder was?** antwortet, heißt **Subjekt**.

Sue klingelt an der Tür. **Wer** klingelt? Sue.

Das Essen schmeckt. **Was** schmeckt? Das Essen.

– SCH verwenden beim Untersuchen, Reflektieren und Anwenden von sprachlichen Strukturen die zutreffenden Begriffe

Das Prädikat

Das Satzglied, das auf die Frage **Was tut?** oder **Was geschieht?** antwortet, heißt **Prädikat**.

Vom Prädikat (**Satzkern**) hängen alle anderen Satzglieder ab.

Der Wecker tickt.	**Was** tut der Wecker? Er tickt.	einteiliges Prädikat
Die Zeit vergeht.	**Was** geschieht? Sie vergeht.	
Der Wecker zeigt die Uhrzeit an.	**Was** tut der Wecker? Er zeigt an.	zweiteiliges Prädikat

Die Satzergänzung im 3. Fall

Sätze lassen sich ergänzen. Sie werden dadurch genauer.

Die Frage nach der Satzergänzung im 3. Fall: **Wem?**

Ich helfe einem Freund. **Wem** helfe ich? Einem Freund.

Die Satzergänzung im 4. Fall

Sätze lassen sich ergänzen.

Sie werden dadurch genauer.

Die Frage nach der Satzergänzung im 4. Fall lautet: **Wen oder Was?**

Ich sehe einen Freund. **Wen** sehe ich? Einen Freund.

Ich sehe einen Film. **Was** sehe ich? Einen Film.

Die Ortsangabe

Sätze lassen sich mithilfe von Ortsangaben erweitern.

Sie werden dadurch genauer.

Die Frage nach der Ortsangabe kann lauten: **Wo? Woher? Wohin?**

Im Kino läuft ein guter Film. **Wo** läuft ein guter Film? Im Kino.

Ich komme aus dem Kino. **Woher** komme ich? Aus dem Kino.

Ich gehe ins Kino. **Wohin** gehe ich? Ins Kino.

Die Zeitangabe

Sätze lassen sich mithilfe von Zeitangaben erweitern.

Sie werden dadurch genauer.

Die Frage nach der Zeitangabe kann lauten: **Wann? Wie lange? Wie oft?**

Ich schaue abends täglich eine Stunde fern.

Wann schaue ich fern? Abends.

Wie lange schaue ich fern? Eine Stunde.

Wie oft schaue ich fern? Täglich.

– SCH verwenden beim Untersuchen, Reflektieren und Anwenden von sprachlichen Strukturen die zutreffenden Begriffe

Mit der Wörterstraße kannst du feststellen,
zu welcher Wortart dein gesuchtes Wort gehört.

Kann ich einen **Artikel davorsetzen**? Kann ich die Mehrzahl bilden?

nein

ja

Sagt mir das Wort, was jemand tut oder was geschieht? Kann ich **Personalpronomen davorsetzen**?

Nomen

Nomen haben Artikel.
Es gibt bestimmte Artikel **der, die, das.**
Es gibt unbestimmte Artikel **ein, eine, ein:**
die Katze – eine Katze

Die meisten Nomen können in der Mehrzahl stehen.

Einzahl	Mehrzahl
der Baum	die Bäume
die Umwelt	–

Der Nominalkern lässt sich erweitern.
Nomen lassen sich ersetzen,
z. B. durch die **Personalpronomen:**

	Einzahl	Mehrzahl
1. Person	ich	wir
2. Person	du	ihr
3. Person	er/sie/es	sie

Nomen lassen sich zusammensetzen.
Mit zusammengesetzten Nomen lässt sich genauer und oft kürzer beschreiben.

– SCH verwenden beim Untersuchen, Reflektieren und Anwenden sprachlicher Strukturen zutreffende Begriffe

Verb

Verben sagen, was geschieht oder was jemand tut.
Es kann ein Personalpronomen davorstehen: Ich gehe. Es regnet.

Verben sagen, wann etwas geschieht. Sie geben an, ob etwas jetzt in der **Gegenwart** geschieht: Ich gehe nach Hause. Es regnet.

Sie geben an, ob etwas bereits in der **Vergangenheit** geschehen ist.
Es gibt die **erste Vergangenheit** und die **zweite Vergangenheit**:
Ich ging. Ich bin gegangen. Es regnete. Es hat geregnet.

Sie geben an, ob etwas in der **Zukunft** geschehen wird:
Ich werde nach Hause gehen. Es wird regnen.

Bindewort

Um Sätze sinnvoll zu verknüpfen, benutzt man Bindewörter.
Ich gehe ins Kino
und sehe dort einen Film.
Ich gehe ins Kino,
weil ich einen Film sehen möchte.

Kann ich das Wort **zwischen** den **Artikel** und das **Nomen** setzen?
Kann ich das Wort steigern?

nein
ja

Kann ich **Sätze** damit **verbinden**?

ja
nein

Kann ich …

Adjektiv

Adjektive stehen meist zwischen Artikel und Nomen.
Sie beschreiben Nomen genauer. Sie können ihre Form verändern:
schön – das schöne Kleid
Adjektive gibt es als Gegensatzpaare: das **schöne** Kleid – das **hässliche** Kleid
Adjektive lassen sich meistens mit den Vergleichsstufen steigern:
schön – schön**er** – am schön**sten**
Adjektive lassen sich zusammensetzen: hoch – haushoch

– SCH verwenden beim Untersuchen, Reflektieren und Anwenden sprachlicher Strukturen zutreffende Begriffe

Wörterliste

A

der Aal*, die Aale
der A|bend, die Abende
a|ber*
ab|he|ben*, er hebt ab, er hob ab, er ist abgehoben
ach|ten*, er achtet, er achtete, er hat geachtet
die Ach|tung*
als*
alt, älter, am ältesten
die Alt|stadt*, die Altstädte
ängst|lich*, ängstlicher, am ängstlichsten
die Ant|wort*, die Antworten
ant|wor|ten*, sie antwortet, sie antwortete, sie hat geantwortet
der Ap|fel*, die Äpfel
das Aqua|ri|um*, die Aquarien
sich är|gern*, er ärgert sich, er ärgerte sich, er hat sich geärgert
die Ar|mut*
der Ast, die Äste
auf|for|dern*, er fordert auf, er forderte auf, er hat aufgefordert
die Auf|füh|rung*
auf|re|gend*, aufregender, am aufregendsten
aus|rei|chend*
au|ßer

B

der Ball*, die Bälle
bau|en*, er baut, er baute, er hat gebaut
der Baum*, die Bäume
be|gin|nen*, sie beginnt, sie begann, sie hat begonnen
bei|ßen*, er beißt, er biss, er hat gebissen
der Be|ruf*, die Berufe
der Be|sen*, die Besen
besonders*
der Bi|ber*, die Biber
das Blatt*, die Blätter
blät|tern*, er blättert, er blätterte, er hat geblättert
blau*
blei|ben, er bleibt, er blieb, er ist geblieben
blü|hen, es blüht, es blühte, es hat geblüht
der Bo|den, die Böden
die Boh|ne*, die Bohnen
das Boot*, die Boote
der Brief, die Briefe
brin|gen*, sie bringt, sie brachte, sie hat gebracht
das Brot*, die Brote
die Brot|zeit|do|se*, die Brotzeitdosen
die Brü|cke*, die Brücken
brül|len*, er brüllt, er brüllte, er hat gebrüllt
brum|men*, er brummt, er brummte, er hat gebrummt

C

das Clus|ter*, die Cluster
der Com|pu|ter*, die Computer

D

da*
da|mit*
das*
dein
der Del|fin*, die Delfine
dem
den
denn*
der*

* Diese Wörter stehen nicht im Grundwortschatz für die Jahrgangsstufen 3 und 4.

dick*, dicker, am dicksten
die*
drau|ßen
der **Dreck***
dre|ckig*, dreckiger, am dreckigsten
dre|hen, sie dreht, sie drehte, sie hat gedreht
drei|zehn*
dumm, dümmer, am dümmsten
durs|tig*, durstiger, am durstigsten

E

die **Ecke***, die Ecken
ehr|lich*, ehrlicher, am ehrlichsten
eigent|lich*
ein|pa|cken*, er packt ein, er packte ein, er hat eingepackt
ein|stel|len*, er stellt ein, er stellte ein, er hat eingestellt
das **Eis***
end|lich*
ent|geg|nen*, sie entgegnet, sie entgegnete, sie hat entgegnet
die **Er|fin|dung***, die Erfindungen
das **Er|geb|nis***, die Ergebnisse
er|klä|ren*, er erklärt, er erklärte, er hat erklärt
er|lau|ben, er erlaubt, er erlaubte, er hat erlaubt
er|le|ben*, er erlebt, er erlebte, er hat erlebt
das **Er|leb|nis***, die Erlebnisse
er|schre|cken, er erschreckt, er erschreckte, er hat erschreckt
erst
er|wi|dern*, er erwidert, er erwiderte, er hat erwidert
er|zäh|len, sie erzählt, sie erzählte, sie hat erzählt
es|sen, er isst, er aß, er hat gegessen
das **Es|sen***
euer
die **Eule***, die Eulen
der **Ex|per|te***, die Experten

F

die **Fäh|re***, die Fähren
fah|ren, sie fährt, sie fuhr, sie ist gefahren
der **Fah|rer***, die Fahrer
der **Fall***, die Fälle
fal|len, es fällt, es fiel, es ist gefallen
die **Fa|mi|lie,** die Familien
fan|gen*, sie fängt, sie fing, sie hat gefangen
faul*, fauler, am faulsten
die **Faul|heit***, die Faulheiten
fei|ern*, sie feiert, sie feierte, sie hat gefeiert
das **Fest***, die Feste
fett|hal|tig*, fetthaltiger, am fetthaltigsten
fet|tig*, fettiger, am fettigsten
fin|den*, er findet, er fand, er hat gefunden
fit*, fitter, am fittesten
flei|ßig*, fleißiger, am fleißigsten
flie|gen*, es fliegt, es flog, es ist geflogen
flie|ßen*, es fließt, es floss, es ist geflossen
die **Flo|cke***, die Flocken
der **Floh***, die Flöhe
flüs|tern*, sie flüstert, sie flüsterte, sie hat geflüstert
das **Foh|len***, die Fohlen
die **Fra|ge***, die Fragen
fra|gen*, er fragt, er fragte, er hat gefragt
frei*

die **Freund|schaft***,
die Freundschaften
froh*, froher, am frohsten
früh*
der **Fuchs**, die Füchse
der **Fuß***, die Füße

G

ge|ben, er gibt, er gab,
er hat gegeben
der **Ge|burts|tag***, die Geburtstage
ge|fähr|lich*, gefährlicher,
am gefährlichsten
ge|fan|gen
das **Ge|fühl***, die Gefühle
der **Ge|gen|stand***, die Gegenstände
ge|heim*
das **Ge|heim|nis***, die Geheimnisse
ge|hen, sie geht, sie ging,
sie ist gegangen
ge|lin|gen*, es gelingt, es gelang,
es ist gelungen
gern, lieber, am liebsten
ge|sche|hen*, es geschieht,
es geschah, es ist geschehen
die **Ge|schich|te**, die Geschichten
die **Ge|sell|schaft***, die Gesellschaften
ges|tern
ge|sund*, gesünder,
am gesündesten
die **Ge|sund|heit***
gie|ßen*, er gießt, er goss,
er hat gegossen
das **Glas***, die Gläser
glau|ben*, sie glaubt, sie glaubte,
sie hat geglaubt
das **Glück**
glück|lich, glücklicher,
am glücklichsten
der **Glück|wunsch***,
die Glückwünsche
die **Gra|fik***, die Grafiken
groß*, größer, am größten
gut*, besser, am besten

H

das **Haar**, die Haare
ha|ben*, sie hat, sie hatte,
sie hat gehabt
der **Hai***, die Haie
hal|ten, sie hält, sie hielt,
sie hat gehalten
die **Hand**, die Hände
das **Han|dy**, die Handys
der **Ha|se***, die Hasen
hei|ßen, er heißt, er hieß,
er hat geheißen
die **Hei|zung***, die Heizungen
hel|fen, sie hilft, sie half,
sie hat geholfen
der **Herbst***
heu|te
das **Hin|der|nis***, die Hindernisse
die **Hit|ze***
der **Hof***, die Höfe
ho|len*, sie holt, sie holte,
sie hat geholt
hö|ren*, sie hört, sie hörte,
sie hat gehört
der **Hund***, die Hunde
hung|rig*, hungriger,
am hungrigsten
der **Hut***, die Hüte

I

der **Igel***, die Igel
ihm
ihn
ihnen
ihr
ihrem

ihren
die **In|for|ma|ti|on***, die Informationen
die **In|sel***, die Inseln
sich **in|ter|es|sie|ren***, ich interessiere mich, ich interessierte mich, ich habe mich interessiert
das **In|ter|net***
das **In|ter|view***, die Interviews

J

das **Jahr***, die Jahre
die **Jah|res|zeit***, die Jahreszeiten

K

der **Kä|fer**, die Käfer
der **Kä|fig**, die Käfige
der **Kahn***, die Kähne
der **Kai|ser***, die Kaiser
kalt*, kälter, am kältesten
die **Käl|te***
sich **käm|men**, er kämmt sich, er kämmte sich, er hat sich gekämmt
die **Kan|ne***, die Kannen
die **Kat|ze***, die Katzen
kau|fen, er kauft, er kaufte, er hat gekauft
der **Ki|lo|me|ter***, die Kilometer
das **Kind***, die Kinder
der **Klee***
klein*, kleiner, am kleinsten
kom|men, sie kommt, sie kam, sie ist gekommen
das **Kön|nen***
kön|nen, er kann, er konnte, er hat gekonnt
der **Korb***, die Körbe
krab|beln*, sie krabbelt, sie krabbelte, sie ist gekrabbelt
die **Kraft***, die Kräfte
der **Kreis***, die Kreise
der **Kreis|lauf***, die Kreisläufe
das **Kro|ko|dil***, die Krokodile
die **Kuh**, die Kühe
kurz, kürzer, am kürzesten

L

la|chen, er lacht, er lachte, er hat gelacht
der **Laib**, die Laibe
das **Lamm***, die Lämmer
das **Land**, die Länder
lang, länger, am längsten
lang|sam*, langsamer, am langsamsten
las|sen, sie lässt, sie ließ, sie hat gelassen
der **Lauf***, die Läufe
lau|fen, er läuft, er lief, er ist gelaufen
der **Läu|fer***, die Läufer
le|ben*, er lebt, er lebte, er hat gelebt
das **Le|ben***, die Leben
leicht*, leichter, am leichtesten
le|sen, sie liest, sie las, sie hat gelesen
die **Leu|te***
das **Licht**, die Lichter
lie|ben*, er liebt, er liebte, er hat geliebt
lie|gen, sie liegt, sie lag, sie hat gelegen
das **Los***, die Lose
die **Lü|cke***, die Lücken
die **Luft**, die Lüfte
lustig*, lustiger, am lustigsten

M

ma|chen, sie macht, sie machte, sie hat gemacht
das **Mäd|chen***, die Mädchen

mä|hen*, er mäht, er mähte, er hat gemäht
der **Mai***
manch|mal*
der **Mann,** die Männer
die **Mann|schaft***, die Mannschaften
der **Ma|ra|thon|lauf***, die Marathonläufe
das **Mär|chen,** die Märchen
die **Ma|schi|ne,** die Maschinen
die **Maus***, die Mäuse
das **Meer,** die Meere
die **Meer|jung|frau***, die Meerjungfrauen
die **Meis|ter|schaft***, die Meisterschaften
der **Mensch,** die Menschen
mer|ken, er merkt, er merkte, er hat gemerkt
merk|wür|dig, merkwürdiger, am merkwürdigsten
das **Mes|ser***, die Messer
die **Milch**
mö|gen*, er mag, er mochte, er hat gemocht
mor|gen
der **Müll***
die **Mu|sik***
müs|sen, er muss, er musste, er hat gemusst
die **Mut|ter***, die Mütter
die **Müt|ze***, die Mützen

N

die **Nach|richt***, die Nachrichten
die **Nacht,** die Nächte
nah*, näher, am nächsten
nä|hen*, er näht, er nähte, er hat genäht
die **Nah|rung***
näm|lich*
die **Na|tur***
das **Netz***, die Netze
neu, neuer, am neuesten
neun|zehn*

O

ob|wohl*

P

die **Pfüt|ze,** die Pfützen
die **Piz|za,** die Pizzen
das **Place|mat***, die Placemats
der **Platz,** die Plätze
plötz|lich
die **Pro|be***, die Proben
pünkt|lich, pünktlicher, am pünktlichsten
die **Pünkt|lich|keit***

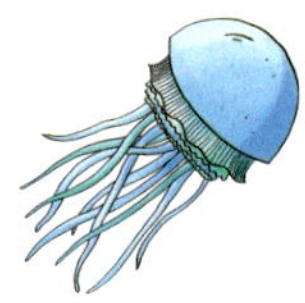

Q

die **Quel|le***, die Quellen

R

ra|scheln*, es raschelt, es raschelte, es hat geraschelt
das **Re|fe|rat***, die Referate
re|gel|mä|ßig*, regelmäßiger, am regelmäßigsten
der **Re|gen***
das **Reh***, die Rehe
reich, reicher, am reichsten
der **Reich|tum***, die Reichtümer
der **Re|kord***, die Rekorde
re|parie|ren*, er repariert, er reparierte, er hat repariert
ret|ten*, sie rettet, sie rettete, sie hat gerettet
die **Ret|tung***, die Rettungen
rich|tig*
rie|sig*, riesiger, am riesigsten
roh*, roher, am rohsten

das **Ron|dell***, die Rondelle
der **Ruck|sack***, die Rucksäcke
ru|fen, sie ruft, sie rief, sie hat gerufen
ru|hen*, sie ruht, sie ruhte, sie hat geruht

S

sa|gen, er sagt, er sagte, er hat gesagt
die **Sah|ne***
sam|meln*, sie sammelt, sie sammelte, sie hat gesammelt
sau|ber*, sauberer, am saubersten
die **Sau|ber|keit***
die **Schachtel***, die Schachteln
scharf*, schärfer, am schärfsten
schei|nen, sie scheint, sie schien, sie hat geschienen
schen|ken, er schenkt, er schenkte, er hat geschenkt
schie|ben, sie schiebt, sie schob, sie hat geschoben
der **Schirm***, die Schirme
schla|fen, er schläft, er schlief, er hat geschlafen
schlecht, schlechter, am schlechtesten
schlimm, schlimmer, am schlimmsten
der **Schnee|mann***, die Schneemänner
schnei|den, er schneidet, er schnitt, er hat geschnitten
schnell, schneller, am schnellsten
der **Schreck**
schrei|ben, er schreibt, er schrieb, er hat geschrieben
schrei|en*, sie schreit, sie schrie, sie hat geschrien
der **Schuh,** die Schuhe
die **Schu|le***, die Schulen
schüt|teln*, sie schüttelt, sie schüttelte, sie hat geschüttelt
schüt|zen, sie schützt, sie schützte, sie hat geschützt
schwer, schwerer, am schwersten
die **Schwes|ter***, die Schwestern
schwim|men, er schwimmt, er schwamm, er ist geschwommen
sechs
der **See,** die Seen
das **See|pferd|chen***, die Seepferdchen
der **Seestern***, die Seesterne
das **Se|gel|boot***, die Segelboote
se|hen, sie sieht, sie sah, sie hat gesehen
sehr*
sein, sie ist, sie war, sie ist gewesen
sein
sei|nem
sie*
die **Sie|ger|eh|rung***, die Siegerehrungen
sin|gen, er singt, er sang, er hat gesungen
sit|zen, er sitzt, er saß, er hat gesessen
die **Skiz|ze,** die Skizzen
die **So|cke,** die Socken
sol|len*, er soll, er sollte, er hat gesollt
der **Som|mer***
die **Son|ne***, die Sonnen
das **Spiel***, die Spiele
spie|len*, sie spielt, sie spielte, sie hat gespielt

das **Spin|nen|netz***, die Spinnennetze

spre|chen, sie spricht, sie sprach, sie hat gesprochen
sprin|gen, er springt, er sprang, er ist gesprungen
sprü|hen*, er sprüht, er sprühte, er hat gesprüht

die **Stadt**, die Städte
stän|dig*
stark, stärker, am stärksten
die **Stär|ke***, die Stärken
star|ten*, sie startet, sie startete, sie ist gestartet
ste|hen, sie steht, sie stand, sie hat gestanden
stei|gen, sie steigt, sie stieg, sie ist gestiegen
der **Stein**, die Steine
stel|len, er stellt, er stellte, er hat gestellt
die **Stim|me***, die Stimmen
die **Stra|ße**, die Straßen
das **Stück**, die Stücke
der **Stuhl***, die Stühle
die **Stun|de***, die Stunden
su|chen*, sie sucht, sie suchte, sie hat gesucht
die **Such|ma|schi|ne***, die Suchmaschinen
das **Surf|board***, die Surfboards
süß*, süßer, am süßesten

T

der **Tag***, die Tage
das **Ta|lent***, die Talente
die **Tan|ne***, die Tannen
tan|zen*, sie tanzt, sie tanzte, sie hat getanzt
die **Ta|sche**, die Taschen
der **Tä|ter***, die Täter
das **Ta|xi**, die Taxis
der **Tee***, die Tees
der **Text**, die Texte
tief, tiefer, am tiefsten
der **Ti|ger**, die Tiger
der **Tipp***, die Tipps
to|ben*, er tobt, er tobte, er hat getobt
die **Ton|ne***, die Tonnen
tra|gen, sie trägt, sie trug, sie hat getragen
der **Traum***, die Träume
träu|men*, sie träumt, sie träumte, sie hat geträumt
der **Trick***, die Tricks
trin|ken, sie trinkt, sie trank, sie hat getrunken
der **Trop|fen***, die Tropfen
trotz|dem*

U

die **Über|ra|schung***, die Überraschungen
die **Um|ge|bung***, die Umgebungen
die **Um|welt***, die Umwelten
die **Un|ge|duld***
un|ge|wöhn|lich*, ungewöhnlicher, am ungewöhnlichsten
un|glaub|lich*, unglaublicher, am unglaublichsten
der **Un|ter|richt***
der **Ur|laub***, die Urlaube

V

der **Va|ter***, die Väter
ver|duns|ten*, er verdunstet, er verdunstete, er ist verdunstet
ver|ges|sen, sie vergisst, sie vergaß, sie hat vergessen

ver|kau|fen, sie verkauft, sie verkaufte, sie hat verkauft
der **Ver|käu|fer,** die Verkäufer
der **Ver|kehr***
ver|lie|ren, er verliert, er verlor, er hat verloren
ver|rückt*, verrückter, am verrücktesten
ver|sick|ern*, es versickert, es versickerte, es ist versickert
die **Ver|tei|di|gung***, die Verteidigungen
ver|wandt
viel|leicht
vier
der **Vo|gel***, die Vögel
voll, voller, am vollsten
vor|bei*

W

wahr
wäh|rend*
die **Wahr|heit***, die Wahrheiten
was*
das **Was|ser***, die Wasser
der **Weg***, die Wege
we|hen*, er weht, er wehte, er hat geweht
sich **wei|gern***, er weigert sich, er weigerte sich, er hat sich geweigert
weil*
weiß*
die **Welt***, die Welten
wem
wen
wenn*
wer*
wer|den, sie wird, sie wurde, sie ist geworden
wer|fen, sie wirft, sie warf, sie hat geworfen
wes|sen*
wie
win|dig*, windiger, am windigsten
wirk|lich*
die **Wirk|lich|keit***, die Wirklichkeiten
wis|pern*, er wispert, er wisperte, er hat gewispert
wis|sen*, er weiß, er wusste, er hat gewusst
die **Wis|sens|clus|ter***, die Wissenscluster
der **Witz***, die Witze
die **Wo|che,** die Wochen
woh|nen*, er wohnt, er wohnte, er hat gewohnt
der **Wür|fel***, die Würfel
die **Wut***

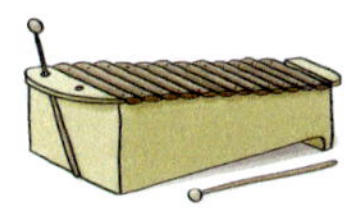

X

das **Xy|lo|fon***, die Xylofone

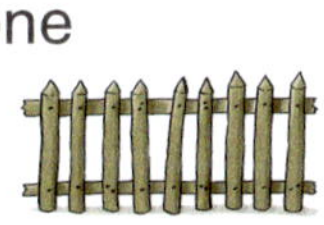

Z

zäh*, zäher, am zähsten
die **Zahl***, die Zahlen
der **Zahn***, die Zähne
der **Zeh,** die Zehen
zehn
die **Zeit***, die Zeiten
die **Zei|tung,** die Zeitungen
zie|hen, sie zieht, sie zog, sie hat gezogen
das **Zim|mer,** die Zimmer
der **Zoo***, die Zoos
zu|cker|süß*
zu|frieden*, zufriedener, am zufriedensten
das **Zu|hau|se***
die **Zu|kunft***
zu|sam|men

Wo lerne ich was?

* Auf den **blauen** Seiten lernst du den neuen Lerninhalt kennen.

Kompetenzübersicht nach Lehrplan

Kapitel	Sprechen und Zuhören	Schreiben
	Die Schülerinnen und Schüler (SCH) ...	
Guter Start in Klasse 4 Seite 4–7		
Kinder der Welt Seite 8–17	wenden in Zuhör- und Gesprächssituationen ihre Aufmerksamkeit bewusst auf das Gesagte **8**; gestalten kommunikative Standardsituationen **8;** achten beim Sprechen auf Lautstärke, Tempo und Satzmelodien **9;** bauen ihre Beiträge wirkungsvoll, nachvollziebar und logisch auf **9**	gestalten ihren fertigen Text ansprechend **9;** nutzen vor dem Schreiben Methoden zur Ordnung von Informationen **10**; verfassen informierende, berichtende Texte, achten auf die zeitliche Ordnung von Informationen **10;** geben zentrale Anregungen und Hilfestellungen für Texte und heben dabei die Stärken und gelungenen Elemente hervor **11**
Fahren und fliegen Seite 18–27	entnehmen Beiträgen in fachspezifischer Bildungssprache die wesentlichen Informationen **18**; beteiligen sich an Gesprächen: berichten **18;** benennen Gründe für ihr Nicht-Verstehen **18**	achten auf Vollständigkeit (Versuchsbeschreibung) **19,** ziehen typische Elemente aus informierenden Texten heran, erstellen für eigene Texte Sammlungen **20**; verfassen informierende, beschreibende Texte **20**; untersuchen Texte und beschreiben, welche Gestaltungsmittel und Textmerkmale für informierende Texte typisch sind **21**; geben Anregungen und Hilfestellungen für Texte **21**
Gauner und Schwindler Seite 28–37	bauen ihre Beiträge wirkungsvoll, nachvollziehbar und logisch auf **28**; zeigen rücksichtsvolles Gesprächsverhalten: gehen sinnvoll auf Beiträge ein und führen sie weiter, geben Rückmeldung zu Beiträgen **28;** versetzen sich in eine Rolle und beobachten andere im szenischen Spiel **35**	nutzen vor dem Schreiben Methoden zur Sammlung und Ordnung von Wortmaterial und Schreibideen **29**; bauen ihre eigenen erzählenden Texte sinnvoll auf und stellen ein erzählenswertes Ereignis ins Zentrum **30;** nehmen zentrale Ideen für die Überarbeitung auf und setzen sich dazu jeweils ein konkretes Überarbeitungsziel **31**
Leben mit Medien Seite 38–47	bauen ihre Beiträge wirkungsvoll, nachvollziehbar und logisch auf **38**; beteiligen sich an Gesprächen: erzählen, berichten, geben anderen Rückmeldung zu deren Vorschlägen **38, 41**	nutzen vor dem Schreiben Methoden zur Sammlung von Informationen **39**; nutzen Schreiben zum Erschließen von Texten (Zusammenfassung von Informationen) **40**; verfassen eigene informierende, beschreibende Texte (Nachrichten) **41**
Menschen und Berufe Seite 48–57	beteiligen sich an Gesprächen: erzählen, berichten, interviewen **48;** machen Vorschläge zur Lösung gemeinsamer Lernaufgaben **48;** beschreiben, wie stimmliche und gestische Gestaltung das Verstehen unterstützt **49;** beschreiben und bewerten Ursachen und Wirkungen von gelingender Verständigung **49**	sammeln Gründe und Beispiele zu einer Position, die sie vertreten **50;** nutzen vor dem Schreiben Methoden zur Ordnung von Informationen und Begründungen **50;** nutzen beim Schreiben eigener argumentierender Texte entsprechende Textvorbilder **51;** geben Anregungen und Hilfestellungen für Texte **51;** beschreiben, welche sprachlichen Mittel und Textmerkmale für argumentierende Texte typisch sind **51**
Natur und Umwelt Seite 58–67	beteiligen sich an Gesprächen: erzählen, berichten, beschreiben eigene Lernergebnissse **58, 59;** halten sich an gemeinsam erstellte Gesprächsregeln, zeigen rücksichtsvolles Gesprächsverhalten **58;** bewerten eigene Lernergebnisse **61**	nutzen vor dem Schreiben Methoden zur Sammlung und Ordnung von Informationen **60, 61**; nutzen Schreiben zum Erschließen von Texten (Zusammenfassung von Informationen) **60;** gestalten Texte zweckmäßig und übersichtlich **61**
Wie wir uns verändern Seite 68–77	beteiligen sich an Gesprächen: erzählen, berichten, begründen **68;** halten sich an gemeinsam erstellte Gesprächsregeln **68;** bewerten ihren eigenen Lernstand, auch im Austausch mit anderen **71**	nutzen vor dem Schreiben Methoden zur Sammlung und Ordnung von Begründungen und Schreibideen **69;** bauen eigene erzählende Texte sinnvoll auf **70;** nehmen Anregungen für die Überarbeitung auf **70;** beschreiben Lernerfahrungen und Lernfortschritte **71**
Lesen, lesen, lesen Seite 78–87	wenden ihre Aufmerksamkeit bewusst auf das Gesagte **78;** bekunden ihr Verstehen, indem sie Gehörtes in eigenen Worten zusammenfassen und Kerngedanken wiedergeben **78;** beobachten andere im szenischen Spiel **81;** interpretieren eine Rolle, indem sie Gefühle und Charakter verdeutlichen **81**	nutzen Schreiben zum Erschließen von Texten **79**; bauen eigene erzählende Texte sinnvoll auf **80;** nehmen zentrale Anregungen für die Überarbeitung auf, setzen sich ein konkretes Überarbeitungsziel **80;** gestalten Texte lebendig und wirkungsvoll durch den gezielten Einsatz passender sprachlicher Mittel **81;** verfassen berichtende Texte **83**
Durch das Jahr Seite 88–103	bekunden ihr Verstehen **88;** entnehmen Beiträgen in fachspezifischer Bildungssprache die wesentlichen Informationen **88;** setzen Medien bewusst ein, um Szenen zu gestalten und um Wirkungen und Effekte zu erzielen **90**; beobachten andere im szenischen Spiel **90;** wenden ihre Aufmerksamkeit bewusst auf das Gesagte **94**; beteiligen sich an Gesprächen: erzählen, berichten, begründen **94;** strukturieren ihren Vortrag durch sinnvolle Pausen **98;** erbitten und geben wertschätzende Rückmeldung zu Redebeiträgen **98;**	verfassen eigene informierende, beschreibende Texte und achten dabei auf eine reihende Darstellung und eine logische Anordnung der Informationen **89, 95;** ziehen typische Elemente aus erzählenden Texten heran (Textbausteine Gedicht) **91;** untersuchen Texte und beschreiben, welche sprachlichen Gestaltungsmittel und Textmerkmale typisch sind **91;** verfassen eigene informierende, beschreibende Texte **92**; bauen eigene erzählende Texte sinnvoll auf und stellen ein erzählenswertes Ereignis ins Zentrum **102**; nutzen vor dem Schreiben Methoden zur Sammlung und Ordnung von Wortmaterial und Schreibideen **102**
Fit für Klasse 5 Seite 104–107		gestalten erzählende Texte durch den Einsatz passender sprachlicher Mittel **107;** geben Anregungen und Hilfestellungen für Texte **107**
Aha: So geht es leichter Seite 108–125	halten sich an Gesprächsregeln **108**; achten auf eine wertschätzende Gesprächsatmosphäre **108**; setzen Sprechabsichten mit angemessenem Wortschatz um **109**; bauen ihre Beiträge wirkungsvoll und logisch auf **109**; achten beim Sprechen auf Lautstärke, Tempo, Satzmelodie **110**; strukturieren ihren Vortrag durch sinnvolle Pausen **110**; führen Lerngespräche **111, 112**; bewerten eigene Lernergebnisse **112**; wählen Lernmethoden und Materialien aus **112**	nutzen vor dem Schreiben Methoden zur Sammlung und Ordnung von Wortmaterial und Schreibideen **118, 119, 120**; verfassen informierende, beschreibende Texte **120, 121**; nutzen Schreiben zum Erschließen von Texten **120**; bauen eigene erzählende Texte sinnvoll auf **122**; gestalten erzählende Texte lebendig durch den Einsatz passender sprachlicher Mittel **122**; sammeln Gründe und Beispiel zu einer Position, ordnen sie nach einer logischen Reihenfolge **123**; geben Anregunngen und Hilfestellungen für Texte, heben dabei gelungene Elemente hervor **124, 125**

verbinden ein- und zweisilbige Wortformen, um die Schreibung von Verhärtung, Umlautung, Konsonantenverdopplung und ie-Schreibung abzuleiten **4**; verwenden Verben in den verschiedenen Zeitformen in angemessener Weise **5**; bestimmen die Merkmale von Nomen, Verben und Adjektiven **5**;
beschreiben die Abhängigkeit der Satzglieder vom Prädikat und bestimmen das Subjekt sowie Orts- und Zeitangaben **6**;
schreiben gängige Schreibungen routiniert richtig **9**

beschreiben Gemeinsamkeiten und Unterschiede von Sprachen und Schriftsystemen im eigenen Umfeld **12, 17**, erweitern den Nominalkern, um die Großschreibung des Nomens zu erkennen **13, 16**; nutzen Silben und Klangunterschiede der Vokale, um sich Schreibungen zu erschließen (offene und geschlossene Silben, doppelter Konsonant, ie als regelhafte Verschriftung) **14, 16**; nutzen Silben und Klangunterschiede der Vokale, um sich Schreibungen zu erschließen (silbentrennendes h) **15, 17**, üben Rechtschreibung anhand des Grundwortschatzes für die Klassenstufen 3 und 4 **17**;
schreiben routiniert, zügig und fehlerlos von einer Vorlage ab **17**

verwenden Verben in den verschiedenen Zeitformen in angemessener Weise (Perfekt) **22, 26**;
wenden Strategien zum Erkennen von Adjektiven an (z.B. steigern und vergleichen) **23, 27**;
übertragen die Schreibweise von Wortstämmen auf verwandte Wörter **24, 27**;
üben Präteritumsformen von Verben und achten dabei auf die Vokallänge **25, 26**;
üben Rechtschreibung anhand des Grundwortschatzes für die Klassenstufen 3 und 4 **27**;
schreiben routiniert, zügig und fehlerlos von einer Vorlage ab **27**

beschreiben die Veränderungen des Falls bei Artikeln, Nomen und Adjektiven, die mit der Verwendung im Satz zusammenhängen **32, 33, 36**;
nutzen den Satzzusammenhang, um flektierbare Wörter richtig zu schreiben **33, 34**;
markieren wörtliche Rede innerhalb von Sätzen durch Anführungszeichen und schließen den Redebegleitsatz vor und nach der wörtlichen Rede mit richtigen Satzzeichen ab **34, 35, 37**;
üben Rechtschreibung anhand des Grundwortschatzes für die Klassenstufen 3 und 4 **37**; schreiben routiniert, zügig und fehlerlos von einer Vorlage ab **37**

beschreiben und vergleichen Aspekte konzeptioneller Mündlichkeit und Schriftlichkeit **38**; verwenden Zusammensetzungen als Mittel der Wortbildung und beschreiben die Gesetzmäßigkeiten, nach denen sich Artikel und Wortart richten **42, 46**; schreiben Wortzusammensetzungen mit Fugenelement richtig **42**; verknüpfen Sätze sinnvoll, auch mit geläufigen Bindewörtern **43, 44, 47**; setzen passende Satzzeichen **44, 47**; schreiben gängige Schreibungen routiniert richtig (Konsonantenverdoppelung, auch ck und tz) **45, 46**; üben Rechtschreibung anhand des Grundwortschatzes **47**

beschreiben die Abhängigkeit der Satzglieder vom Prädikat und bestimmen Satzergänzungen (im 3. Fall) **52, 56**;
beschreiben die Abhängigkeit der Satzglieder vom Prädikat und bestimmen Satzergänzungen (im 4. Fall) **53, 56**;
trennen Wörter nach Schreibsilben, auch am Silbengelenk **54, 57**;
schreiben häufig gebrauchte Wörter mit nicht-regelhaften Rechtschreibbesonderheiten richtig (Wörter mit Dehnungs-h) **55, 57**;
üben Rechtschreibung anhand des Grundwortschatzes für die Klassenstufen 3 und 4 **57**

beschreiben die Abhängigkeit der Satzglieder vom Prädikat und bestimmen das Subjekt sowie Orts- und Zeitangaben **62, 66**; bestimmen die Merkmale von Pronomen, indem sie sie variieren und wenden sie in eigenen Texten richtig an **63, 67**; schreiben häufig gebrauchte Wörter mit nichtregelhaften Rechtschreibbesonderheiten richtig (Wörter mit Doppelvokal, ai, Dehnungs-h, Fremdwörter) **64, 67**, schreiben häufig gebrauchte Wörter mit regelhaften Rechtschreibbesonderheiten richtig (Wörter mit ß) **65, 66**, üben Rechtschreibung anhand des Grundwortschatzes für die Klassenstufen 3 und 4 **67**

verwenden Verben in verschiedenen Zeitformen (Zukunft) **72, 76**; beschreiben die Veränderungen des Falls bei Artikeln, Nomen und Adjektiven, die mit der Verwendung im Satz zusammenhängen **73, 76**; schreiben gängige Schreibungen routiniert richtig (Auslaut- und Inlautverhärtung) **74, 77**; verbinden ein- und zweisilbige Wortformen, um die Schreibung von Umlautung (ä/äu) abzuleiten **74, 77**; nutzen Wortbausteine, um die Wortart zu bestimmen **75, 77**; ändern Wortbedeutung und Wortart und beschreiben deren die Gesetzmäßigkeiten **75**; üben Rechtschreibung anhand des Grundwortschatzes **79**

beschreiben Gemeinsamkeiten und Unterschiede von Sprachen und Schriftsystemen im eigenen Umfeld **79**; untersuchen, welche sprachlichen Mittel genutzt werden können, um bestimmte Wirkungen zu erreichen **82, 87**; verwenden Verben in den verschiedenen Zeitformen in angemessener Weise **83, 87**;
verknüpfen Sätze sinnvoll, auch mit geläufigen Bindewörtern, um sich beim Sprechen und Schreiben genauer auszudrücken **84, 86**;
schreiben häufig gebrauchte Wörter mit nicht-regelhaften Rechtschreibbesonderheiten richtig (Wörter mit v, ä, ai, dt, zz) **85, 86**;
üben Rechtschreibung anhand des Grundwortschatzes für die Klassenstufen 3 und 4 **87**; schreiben routiniert, zügig und fehlerlos von einer Vorlage ab **87**

bestimmen die Merkmale von Nomen, Adjektiven, Artikeln, Pronomen und Verben **92**; schreiben gängige Schreibungen routiniert richtig (Konsonantenverdoppelung, Auslautverhärtung, ie-Schreibung) **93**; verwenden Zusammensetzungen als Mittel der Wortbildung und beschreiben die Gesetzmäßigkeiten, nach denen sich Artikel und Wortart richten **96**;
bilden unter Verwendung verschiedener Wortbausteine mehrfach zusammengesetzte Wörter **96**; nutzen beim Sprechen und Schreiben die Funktion unterschiedlicher Satzarten, beschreiben deren Wirkungen und setzen passende Satzzeichen **97**; beschreiben Gemeinsamkeiten und Unterschiede von Sprachen und Schriftsystemen im eigenen Umfeld **98**;
beschreiben die Abhängigkeit der Satzglieder vom Prädikat und bestimmen das Subjekt sowie Orts- und Zeitangaben und Satzergänzungen **99**;
wenden Strategien zum Erkennen von Adjektiven an (z.B. vergleichen) **100**; wählen beim Schreiben und Sprechen je nach Kontext passende Wörter aus Wortfeldern **101**; verknüpfen Sätze sinnvoll, auch mit geläufigen Bindewörtern **103**

schreiben gängige Schreibungen routiniert richtig **104**;
beschreiben die Abhängigkeit der Satzglieder vom Prädikat und bestimmen weitere Satzglieder **105**; bestimmen die Merkmale von Wortarten **106**

schreiben routiniert, zügig und fehlerlos von einer Vorlage ab **113**;
trainieren Rechtschreibung entsprechend eigener Lernbedürfnisse mit einem erweiterten Übungswortschatz **114, 115, 116**;
üben Rechtschreibung anhand des Grundwortschatzes für die Klassenstufen 3 und 4 **114, 115, 116**;
überarbeiten eigene Texte mithilfe eines Wörterbuches, ggf. mit Rechtschreibhilfen des Computers **117**;
zeigen Rechtschreibbewusstsein bei eigenen Aufzeichnungen, indem sie selbstständig auf Richtigschreibung achten und sich korrigieren **117**

Erarbeitet von

Cordula Atzhorn (Bamberg), Birgitta Baumann-Strobel (Wasserburg), Sabine Graser (Krummennaab), Franziska Mroß (Peißenberg)

Illustriert von

Birgit Boley, Gabie Hilgert, Katja Hillscher, Naeko Ishida, Anke Rauschenbach und Susanne Wechdorn sowie Franziska Kalch (Anlautbilder) und Evelyn Scherber (Kapitelvignetten)

Abbildungsnachweis

adpic Bildagentur, Bonn: 118.8 (W. Quirtmair); akg-images GmbH, Berlin: 28.4; alamy images, Abingdon/Oxfordshire: 8.2 (mauritius images), 10.3 (mauritius images); Annette Betz Verlag, Berlin: 78.4 (Hertha Kratzer, Laurence Sartin: Die Nibelungen); Arena Verlag GmbH, Würzburg: 107.3 (Alice Pantermüller, Daniela Kohl: Lotta-Leben „Ich glaub, meine Kröte pfeift"); Atzhorn, Cordula: 80.1-.4; Badische Landesbibliothek, Karlsruhe: 79.1 (Nibelungen-Handschrift C, Blatt 1r); BAGNALL STUDIOS, München: 28.3 (Ellis Kaut: Pumuckl); Bastei Lübbe AG, Köln: 107.2 (Jeff Kinney: Gregs Tagebuch: Von Idioten umzingelt); Beltz & Gelberg in der Verlagsgruppe Beltz, Weinheim: 26.1 (Nele Moost: Wenn die Ziege schwimmen lernt); Bodenseefischerei, Wasserburg: 50.1 (Bernd Kaulitzki); DIE ZEIT, Hamburg: 9.1 (Nr. 19, 30.04.2014); dreamstime.com, Brentwood: 8.5 (Sjors737); Focus Photo- u. Presseagentur GmbH, Hamburg: 8.6 (Monique Yazdani); fotolia.com, New York: 8 .1 (Kzenon), 10.1 (AntPun), 58.1 (ciesiel), 58.7 (Denis Tabler); Franckh-Kosmos Verlags-GmbH & Co. KG, Stuttgart: 107.4 (Die drei ??? Kids - Räuberjagd); Getty Images, München: 63.1 (Jeff Hunter); iStockphoto.com, Calgary: 10.2; Loewe Verlag GmbH, Bindlach: 107.1 (Mary Pope Osborne: Das magische Baumhaus - Das Geheimnis der Mumie); mauritius images GmbH, Mittenwald: 89.2 (Minden Pictures); Moritz Verlag GmbH, Frankfurt/Main: 110.8 (Aleksandra Machowiak, Daniel Mizielinski: Treppe Fenster Klo); nicko cruises GmbH, Stuttgart: 58.6; Nußbaum, Dennis, Koblenz: 28.2; OKAPIA KG - Michael Grzimek & Co., Frankfurt/M.: 20.1 (Manfred Uselmann), 89.3 (NAS/H. Eisenbeiss); Picture-Alliance GmbH, Frankfurt/M.: 8.4 (ZB/Jens Kalaene), 13.1 (Julia Thurau), 28.1, 50.2 (GEORG HOCHMUTH/APA/ picturedesk.com), 58.2 (blickwinkel/A. Hartl), 89.3 (Okapia), 120.5 (ESA); Rowohlt Verlag GmbH, Reinbek: 83.1 (Michio Kaku: Die Physik der Zukunft. Unser Leben in 100 Jahren); Shutterstock.com, New York: 58.5 (tkemot), 60.1 (Rich Carey); Smith, Alexandra: 122.1; Süddeutsche Zeitung - Photo, München: 58.3 (SZ-Grafik „So lange dauert der Abbau von Müll im Meer", SZ.de vom 13.05.2011); Tessloff Verlag, Nürnberg: 118.5 (WAS IST WAS AUTOS - PS, Hybrid und Turbostars, Band 053); The Ocean Cleanup, ES Delft: 60.2 („courtesy of the Ocean Cleanup"); Verlag Friedrich Oetinger GmbH, Hamburg: 78.3 (Cornelia Funke: Die wilden Hühner: Fuchsalarm); Verlagsgruppe Random House GmbH, München: 29.1 (Walter Moers, Die 13 1/2 Leben des Käpt'n Blaubär. Roman, erstmals in Farbe); Visuelle Lebensfreude, Hannover: 114.1 (Nina Fischer); WDR mediagroup licensing GmbH, Köln: 28.5; Wefringhaus, Klaus, Braunschweig: 102.1, 102.2; Xinhua, Berlin: 8.3.

Quellennachweis

Cordula Atzhorn, Mareike Pisarczyk und Christina Gründel: Maylas Zuhause S. 10. ADAC Motorwelt: Daten zur Mobilität: Die große Beschleunigung: Seit 1800 hat sich unser Reisetempo enorm gesteigert, 11/2013 S. 18. Wenn die Ziege schwimmen lernt von Nele Moost, Beltz und Gelberg Verlag S. 26. Walter Moers: Die 13 ½ Leben des Käpt'n Blaubär. Eichborn Verlag 1999 S. 29. World Wide Fund For Nature (WWF): Plastikmüll im Meer, http://www.wwf.de/themen-projekte/meere-kuesten/unsere-ozeane-versinken-im-plastikmuell (letzter Abruf: 17.08.2015) S. 59. 16. Shell Jugendstudie: Jugend 2010 hrsg. von Prof. Dr. Mathias Albert, Prof. Dr. Klaus Hurrelmann, Dr. Gudrun Quenzel, TNS Infratest Sozialforschung, Shell Deutschland, Fischer Taschenbuch Verlag 2010 S. 69. Cornelia Funke: Die wilden Hühner, Fuchsalarm Dressler Verlag S. 78. Die Nibelungen, Annette Betz Verlag S. 78. J.W. von Goethe: Der Zauberlehrling, Kindermann Verlag, Berlin. 2006 S. 78. Ein Sommernachtstraum nach W. Shakespeare, Kindermann Verlag, B. Kindermann, Berlin 2005 S. 78. Unter Mitwirkung von Anna Schürfer S. 81. Idee nach Yannick Atzhorn S. 82. Die Physik der Zukunft, Übersetzerin: Monika Niehaus, Erscheinungsjahr 2012 S. 83. Meiers, Kurt: Wir suchen den Herbst, Deutsch. Praxis Grundschule, Heft 4, 1988. Westermann Verlag Braunschweig S. 91. Die ZEIT, Zeit-Grafik, Thema: Neujahrsbräuche, 30. Dezember 2014, Die ZEIT 1/289 S. 95. Otfried Preußler: Lustig ist die Fasenacht: Ein Stücklein, als fröhlicher Auftakt zu spielen, Regensburger Volksspiele, 1951 S. 98. n-tv: Zu viel Weltraumschrott, http://www.n-tv.de/wissen/Um-die-Erde-herum-wird-es-gefaehrlich-eng-article12241741.html (letzter Abruf: 17.08.2015) S. 120.

Druck A[1] / Jahr 2016
Alle Drucke der Serie A sind inhaltlich unverändert.

Redaktion: Jeanette Wilke
Umschlaggestaltung: Druckreif! Annette Henko, Braunschweig
Coverillustration: Antje Bohnstedt, Bretten
Layout: Annette Forsch, Berlin, Silke Schwarz, Köln und Druckreif! Annette Henko, Braunschweig
Satz und technische Umsetzung: tiff.any GmbH, Berlin
Druck und Bindung: westermann druck GmbH, Braunschweig

ISBN 978-3-425-12704-0